ro
ro
ro

Zu diesem Buch   Wolfgang Schmidbauer hat als Psychoanalytiker und Gruppentherapeut in seiner Praxis täglich mit dem Thema «sexuelle Außenbeziehung» zu tun. Bei weitem die meisten Klientinnen und Klienten kommen zur Therapie, weil sie Beziehungsprobleme haben. Und Beziehungsprobleme nehmen ganz überwiegend die Form von realen oder phantasierten Liebesverhältnissen neben der legitimierten Liebe (Ehe) an. Hier tut sich das Schlachtfeld des Lebens auf.

Obwohl das sexuelle Tabu bei uns an Macht verloren hat, werden auch heute noch viele Liebesbeziehungen zumindest anfangs geheimgehalten. Warum?

Klatsch, Intrigen, Spionage, Detektive kommen ins Spiel. Oder umgekehrt: Das Geheimnis wird verraten. Warum? Wer verfolgt welche Ziele durch seinen Verrat? Die verheimlichte Liebe gehorcht bestimmten Spielregeln, die in diesem Buch transparent gemacht werden.

Schmidbauer plädiert für eine «gefühlsfreundliche Vernunft», die etwas ganz anderes ist als Zweckmäßigkeit, Kontrolle, Triebfeindlichkeit oder Konsequenz …

Der Autor   Wolfgang Schmidbauer, geboren 1941 in München, studierte Psychologie und promovierte 1968 über «Mythos und Psychologie». Tätigkeit als freier Schriftsteller in Deutschland und Italien. Ausbildung zum Psychoanalytiker. Gründung eines Instituts für analytische Gruppendynamik. Psychotherapeut und Lehranalytiker in München.

Wolfgang Schmidbauer

Die heimliche Liebe

Ausrutscher, Seitensprung, Doppelleben

Rowohlt Taschenbuch Verlag

2. Auflage Januar 2002

Veröffentlicht im Rowohlt Taschenbuch Verlag
GmbH, Reinbek bei Hamburg, April 2001
Copyright © 1999 by Rowohlt Verlag GmbH,
Reinbek bei Hamburg
Umschlaggestaltung Werner Rebhuhn
(Abbildung: Ary Scheffer, 1855 /
Archiv für Kunst und Geschichte, Berlin)
Gesamtherstellung Clausen & Bosse, Leck
Printed in Germany
ISBN 3 499 61129 5

Inhalt

> Kein Feuer, keine Kohle
> Kann brennen so heiß
> Als heimliche Liebe,
> Von der niemand nichts weiß.

Das Volkslied ist mir, wie vielen anderen, die es einmal gehört haben, im Gedächtnis geblieben. Näher betrachtet ist es jedoch gar nicht einfach, zu verstehen, was hier mit heimlicher Liebe gemeint ist. Handelt es sich um ein Gefühl, das noch nicht einmal dem genau bekannt und bewußt ist, der es in sich trägt, noch viel weniger irgendeinem zweiten? Das sich nun den Weg nach außen freibrennt und dabei auch den nicht schont, der es in sich trägt?

Der Beginn solcher heimlichen Schwärmereien liegt in der Pubertät und Adoleszenz. Die heimliche Liebe ist sozusagen eine Probeliebe, ein Versuch, in der Phantasie mit Bindungen und Loslösungen zu spielen. Vielleicht hängt das Volkslied auch mit einem Aberglauben zusammen, der gebietet, Liebesglück vor dem Neid Dritter zu verbergen. Im Notenbüchlein der Anna Magdalena Bach steht ein Lied:

> Willst du dein Herz mir schenken,
> So fang es heimlich an,
> Daß unser beider Denken
> Kein Mensch erraten kann.

Dieses Gebot erinnert an die Sitte, von Kindern niemals zu sagen, daß sie schön und gesund sind, weil dadurch der Neid von Hexen ausgelöst wird, die dafür sorgen, daß die so Gerühmten erkranken und sterben. Die Verheimlichung bietet eine Möglichkeit, den bösen Blick abzuwehren. Wenn sich Liebende kennenlernen und anziehend finden, unternehmen sie Anstrengungen, sich zurückzuziehen: aus der erleuchteten Diskothek in die Dunkelheit, aus der Cocktailparty in eine intime Bar, aus dem Hörsaal in die Studentenbude. Menschen, die im Dunkeln keine sexuellen Hemmungen spüren, fühlen sich im Licht unfähig zur physischen (das heißt auch: wahrnehmbaren) Liebe.

Liebende sind gewissermaßen gezeichnet, Eros und nur Eros ist es, der sie verbindet. Wenn sie sich nicht als Kollegen, Sportskameraden oder in anderer harmloser Beziehung tarnen können, müssen sie sich verbergen. In der Öffentlichkeit des bisherigen Freundeskreises oder der Familie fürchten sie, beschämt oder gar ihres Glücks beraubt zu werden.

Solche Bedenken können unrealistisch sein. Es drohen gar keine wirklichen Gefahren, die Vorgesetzten, Arbeitskollegen oder Nachbarn haben nichts gegen das sexuelle Verhältnis. Niemand würde die Liebenden kränken oder berauben, und doch fürchten sie sich davor. Das liegt daran, daß unsere soziale Umwelt fast immer Eltern-Projektionen trägt. Frischbekannte Liebespaare warten häufig eine gewisse Festigkeit und Verläßlichkeit der Bindung ab, ehe sie sich den Gleichaltrigen vorstellen. Bei den Eltern dauert es oft noch weit länger, ehe sie von einer erotischen Beziehung ihrer Söhne oder Töchter erfahren.

Sehr häufig sind die Verheimlichungsgründe aber

durchaus realistisch. Bereits gebundene Liebende fürchten um ihren Ruf, haben Angst, von ihrem Partner kritisiert oder durch Liebesentzug bestraft zu werden. Nach wie vor ist die ungeordnete Sexualität neben Korruption und Sucht der zentrale Vorwurf, mit dem Prominente zu rechnen haben. Ein Politiker, der Präsident werden möchte, muß zumindest in den USA nicht lange darauf warten, daß seine Fähigkeiten, Liebschaften zu verheimlichen, einer harten Probe unterzogen werden.

Stellen wir uns vor, daß Flugreisen geheimgehalten werden und die geräuschlosen Maschinen nur nachts verkehren. In dieser Situation erfahren wir von solchen Reisen nur dann, wenn wir selbst in einem Flugzeug sitzen oder wenn wir davon erfahren, daß eines abgestürzt ist. Diese Metapher hat ihren Zweck erfüllt, wenn sie anschaulich macht, daß sehr viel an heimlicher Liebe ohne jede Auffälligkeit abläuft. Wenn eine heimliche Liebe bekannt wird, ist sie bereits aus dem Geheimnis herausgefallen. Jede Öffentlichkeit nimmt der heimlichen Liebe den Reiz der symbiotischen Zelle, der Überlebenskapsel von Sehnsucht und Grenzenlosigkeit im Alltag. Wohlwollende und begrenzte Mini-Öffentlichkeiten einer Beratungssituation werden oft verdächtigt, sich wenig von bösartigen Formen wie Tratsch in der Nachbarschaft, unter den Kollegen oder (bei Prominenten) in den Medien zu unterscheiden.

Erotische Lust ist nicht nur eine der mächtigsten Befriedigungsquellen aus dem eigenen Körper. Sie bezieht sich bei den meisten Menschen auf ein Gegenüber. Diesen Lustmöglichkeiten entspricht eine starke Bindung an Menschen, welche mit dieser Lust verknüpft werden. Im Orgasmus entgleitet dem bewußten Ich für einige bedeutungsvolle Augenblicke die Kontrolle. Diese Empfindung ist ebenso fesselnd wie im Grunde ängstigend. Die Selbstvergessenheit läßt einen Verlust der Selbstkontrolle fürchten. Sie führt dazu, daß viele Menschen den Orgasmus durch hektische Anstrengungen haben wollen, bevor er sie hat.

Abhängig zu sein von einem autonomen, seelisch-körperlichen Erregungsprozeß verknüpft sich mit der Abhängigkeit von den Partnerinnen und Partnern der Intimität. Der Partner kann die Sexualität vertiefen, vielleicht sogar erst erlauben; er kann sie aber auch lähmen und abtöten. Im ersten Fall ist ein erotisierender Regelkreis in Gang gekommen: die Enthemmungs- und Lustzulassungsschritte des einen Teils stoßen analoge Schritte beim anderen an, welche zurückwirken und so die Erlebnisintensität steigern. In einem positiven Entwicklungsprozeß bestätigen sich die Partner in ihrem erotischen Selbstbewußtsein. Sie vertiefen den Glauben an die eigene Potenz, ein Gegenüber zufriedenzustellen und in diesem Prozeß auch selbst befriedigt zu werden.

Diese Interaktion kann aber auch ganz anders ausgehen. Ein Partner fühlt sich nicht bestätigt, sondern entwertet. Der primär Leidenschaftlichere, an einer Steigerung der sexuellen Intensität Interessierte steht dann vor einem Scheideweg. Seine Wahl entscheidet oft über das erotische Schicksal der Beziehung. Er kann, wenn ihn das Zögern des Gegenübers entmutigt und sein eigenes erotisches Selbstvertrauen gering ist, sich wie ein Bittsteller fühlen, die Rolle des Verweigernden höher schätzen als die des Begehrenden und anfangen, seinerseits weniger Wünsche zu haben, um nicht das erleiden zu müssen, was er als Blamage und Absage an seine Anziehungskraft erlebt. Oder aber er kann auf seinen Wünschen bestehen, um sie werben, und so ein zögerndes und unsicheres Gegenüber vielleicht doch noch an einer gemeinsamen Entwicklung interessieren.

Der zweite Fall beschäftigt den Ehetherapeuten kaum, der erste jedoch häufig. Er lernt nicht selten seine Spätstadien kennen, wenn die sexuelle Beziehung eines Paares schon seit Jahren scheinbar unbemerkt eingeschlafen ist und nur noch durch starke Reize – wie einen Seitensprung, eine Trennungsabsicht oder einen Kinderwunsch – aufgeweckt wird. Er sieht auch manchmal chronisch in einem Zustand der Unzufriedenheit und projizierter Schuldzuschreibung lebende Paare, die nie über die sexuellen Themen sprechen, sondern diesen Konflikt indirekt austragen. Beispiel: Die Frau leidet unter der Nörgelei des Mannes an ihrer Haushaltsführung oder Kindererziehung. Der Mann leidet an ihrer Zurückweisung. Er führt seine Nörgelei auf ihr erotisches Desinteresse zurück; sie erklärt ihr Desinteresse durch seine Nörgelei.

Fast alle Liebenden der Moderne suchen mehr in ihren

Partnerschaften als sexuelle Befriedigung und wirtschaftliche Hilfe («Bauer und Bäuerin»). Es geht auch um Elternersatz, um narzißtische Bestätigung, Geborgenheit, Sicherheit. Man kann im Einzelfall oft genau erkennen, wie die sexuelle Befriedigung der Sicherheit geopfert wird, wie Eltern-Kind-Elemente, wechselseitig genommen und gegeben, die leidenschaftlichen Elemente aus dem Feld verdrängt haben. Wenn Kinder heranwachsen sollen, schleicht sich nicht selten nach einigen Jahren auch in den Anredeformen diese Dominanz ein: Die Frau sagt nun «Vater» zu ihrem Mann; der Mann erwidert mit «Mutter», so wissen die Kinder, wer gemeint ist.

Nicht zu unterschätzende Probleme entstehen durch die Zwänge der modernen Liebe, Werte zu teilen, um sich abzugrenzen. Paare entwickeln hier grobe oder subtile Strategien – die einen werden zu Feinschmeckern, die zweiten sind sportlich, die dritten gehen zu Kunstauktionen und legen gemeinsam oder im Wettbewerb eine Sammlung an, die vierten konzentrieren sich auf den Garten, andere auf Fernreisen oder eine religiöse Sekte. Und immer, wenn die alten Freunde eingeladen werden, findet das alternde Paar nach dem Besuch ein Stück Aufwertung darin, daß die Gäste sozusagen stehengeblieben sind, immer noch nicht das geringste von französischen Rotweinen, turkmenischen Teppichen, altem Porzellan oder Rosenzucht verstehen.

Solche Wertgemeinschaften sind aber nicht nur ein befreiendes und abgrenzendes Entwicklungsfeld. Sie können zu einer drückenden Enge führen, wenn einer der Partner sich darin unterlegen fühlt, ohne aber genügend Distanz und Durchsetzungskraft zu haben, diese Unterlegenheit offen auszutragen.

Eine typische Sozialgenese solcher latenten Konflikte ist die Aufsteigerehe. Ich skizziere eine Entwicklung, die solche Paare in eine Krise führt. Nehmen wir an, ein Mann aus einer Arbeiter- oder Bauernfamilie hat in eine gebildete Schicht eingeheiratet. In den Anfangszeiten der Beziehung ist für den beruflich erfolgreichen und ehrgeizigen Aufsteiger alles in schönster Ordnung. Die Felder des Berufs, der Freizeit und der Erotik beherrscht er so gut wie seine Partnerin.

Wird aber ein gemeinsamer Haushalt aufgebaut, sollen Kinder erzogen werden, dann hat es der Mann oft sehr schwer standzuhalten. Er findet viele der Dinge, an die seine Frau ihr Herz hängt, eher nebensächlich und nicht selten reine Zeitverschwendung.

Das Aufwachsen der gemeinsamen Kinder reizt ihn zu ständigen Vergleichen mit der eigenen Kindheit. Er kann weder mit den – so scheint es ihm – verwöhnten Ansprüchen der Kinder zurechtkommen noch akzeptieren, daß seine Frau nicht nur nichts tut, um sich gegen diese abzugrenzen, sondern sie auch noch fördert.

Ballettkurse, Klavierstunden, Reitunterricht, er hat das nicht gebraucht, wozu soll es gut sein? Nicht selten bildet sich dann eine Einheit aus der Mutter und den Kindern; die Freizeitgestaltung von einst – der Sport etwa – ist durch die Verpflichtungen der Kindererziehung ohnehin erschwert.

Der Vater zieht sich auf das Feld zurück, in dem er immer seine größte Bestätigung fand: die Berufsarbeit. Die Mutter nimmt mit leisem Groll zur Kenntnis, daß Elternabende und Kinderarztbesuche ihr zufallen. Aber sie tut ihre Pflicht, auch wenn ihr Mann findet, daß sie ihre Fürsorge übertreibt. Von ihm mehr getadelt als bestätigt, nähert sie sich oft wieder ihrer Ursprungsfamilie, ihrem eigenen Vater oder einer vertrauten Freundin, die ihre Wertvorstellungen mehr teilen als ihr bisher so wichtiger Partner. Sie findet es anstrengender, ihren Partner für solche Aktivitäten zu motivieren, als sie ihm abzunehmen. So entfremden sich die Eheleute. Wenn unter diesen Bedingungen auch die gemeinsame Erotik leidet, ist die Wahrscheinlichkeit recht groß, daß sich der Mann beim nächsten Betriebsausflug oder auf der nächsten Messe von einer unverheirateten Kollegin ungleich mehr bestätigt und angezogen fühlt als von seiner Frau.

Die Geburt eines Kindes, die das Verhältnis von Bauer und Bäuerin stabilisierte, ist eine charakteristische Krisenquelle in den modernen, individualisierten Beziehungen. Sie belastet fast immer die Fähigkeiten eines Paares, den gewohnten Austausch an Zärtlichkeit, Lust, Bestätigung aufrechtzuerhalten. Das Kind schreit Bedürfnisse unabweisbar hinaus, auf deren Befriedigung ein Erwachsener stumm zu warten pflegt und die er nicht einmal sich selbst eingesteht. Es liegt wie ein Magnet im Zimmer, der an sich reißt, was bisher zwischen den Erwachsenen hin und her floß.

In jeder Liebesbeziehung begegnet der Mensch paradoxen Situationen, die der Mathematik des Rechts spotten. Die eigene Eifersucht ist quälend und schreit nach Rücksicht; die Eifersucht des anderen ist lästig und sollte verschwinden. Ich will gerne meinen Partner immer haben, wenn ich ihn brauche – aber weshalb belästigt er mich schon wieder mit seinen Ansprüchen? Ich bin schüchtern und ängstlich, ich würde so gerne erobert und verführt werden – wieso kapiert meine Partnerin nicht, was sie da tun müßte, andere Frauen erraten doch auch die Wünsche der Männer! Ich hätte gern einen Mann, der weiß, was er will, und nicht einen Flunsch zieht, wenn ich wieder nicht die Initiative ergreife …

Die Ursachen solcher Widersprüche liegen in dem instabilen Gemisch, aus dem die Liebe der Erwachsenen gemacht ist. Ihre Elemente sind unter anderem die Bindung des Kindes an die Eltern, die Lustquellen der Erotik und eine soziale Norm, die versucht, eine Kultur funktionsfähig zu erhalten und widersprüchliche Interessen auszugleichen. Aus diesen Elementen schafft die Liebe eine Synthese, wie ein Maler aus Pigmenten, Öl und Leinwand ein Bild, ein Kunstwerk eigener, unwiederholbarer Art.

Die kindlichen Ansprüche an den idealisierten, den absolut vertrauenswürdigen Partner, der es verdient, daß zu ihm aufgeschaut wird (der Mann, der's wert ist, die Frau mit Klasse …), sind dabei viel schwerer zu erkennen und zu berücksichtigen als die sexuellen Wünsche. Sie haben auch eine schlechtere Presse, sie werden nicht als das gehandelt, was sie sind: Emotionen, Affekte, Leidenschaften, Irrationales, sondern als Normen, als Verhalten, das sich gehört oder ungehörig ist, als moralische Integrität oder Verwerflichkeit. Aber die winzigen Kleinigkeiten, aus denen wütende Beziehungskämpfe erwachsen, verraten die hochgespannte Idealisierung einer Beziehung, die wie ein Luftballon bereits durch den winzigsten Defekt ihre Form verlieren kann.

Die gegenwärtigen Beziehungsprobleme hängen sehr oft damit zusammen, daß sich eine persönliche, emotionale Sicht mit einem normierenden Diskurs schier untrennbar vermengt. Wenn ein eifersüchtiger Mann seine Frau als Hure und Ehebrecherin beschimpft, regrediert er auf die traditionelle Moral und einen vorindividualisierten Zustand der Beziehungen. Er versucht, durch sozialen Druck (alle werden die Ehebrecherin ächten; in den härteren patriarchalischen Traditionen werden doch solche Frauen gesteinigt) die Partnerin zu sich zurückzuzwingen oder aber sich wenigstens dafür zu rächen, daß es ihm nicht gelingt, am wahrscheinlichsten − eben weil die Eifersucht das Liebes-Konglomerat spiegelt − alles zugleich und miteinander. Ich hasse sie so, daß es unerträglich wäre, sie zu verlieren. Denn dann muß ich jede Hoffnung aufgeben, daß es ihr gelingt, aus mir, diesem Bündel aus kindlicher Anklammerung und Haß, wieder den tollen Partner zu machen, der zu sein ich ihr versprochen habe. Sie muß das können, sie muß grandios sein, übermächtig, eine Hexe, nein: eine gute Fee, die mich zurück in die Verliebtheit zaubert, die einmal da war und die sie jetzt − ich glaube ihr kein Wort, wenn sie sagt, es sei nicht so − einem anderen, ganz Unwürdigen schenkt.

Die Frau wird diese widersprüchlichen Wünsche erraten, sich aber auch über sie ärgern, sie zurückweisen und sich schämen oder schuldig fühlen. Je mehr der moralische Druck steigt, desto stärker werden wohl auch ihre Wünsche, heimlich oder offen andere Erfahrungen mit anderen Männern zu machen.

Wenn Partner diese Situation klären wollen, muß mindestens einer von ihnen eindeutig sein, das heißt, nur noch in *einem* semantischen System operieren. In dem traditionellen muß der Mann sich von einer Frau trennen, die er moralisch entwertet, oder ihre Seitensprünge großmütig übersehen. In dem individualisierenden Modell muß er nicht mehr über Moral, sondern über seine Ängste, seine Sehnsüchte, seine Wünsche sprechen und seiner Partnerin zeigen, wieviel von ihrem Verhalten er ertragen kann und wo seine Belastungsgrenze überschritten ist.

Dieses Verhalten ist erheblich schwieriger, weil es den eigenen Bedürfnissen nach Sicherheit, nach Selbst-Idealisierung, nach Aufwertung der eigenen so in Frage gestellten Männlichkeit kraß widerspricht. Aber es ist auch aussichtsreicher, weil es die Basis der Beziehung festigt, nicht einen längst brüchig gewordenen Überbau. Und es verhindert den destruktivsten Prozeß in Beziehungen: die Entwertung des Partners, um den eigenen Wert zu retten, der aber auf diese Weise so unterminiert wird, daß am Ende – wie in Edward Albees Stück «Wer hat Angst vor Virginia Woolf?» – gerade die Entwertung, die gnadenlose narzißtische Kränkung ein Paar zusammenschweißt und die Hölle, die sie sich gegenseitig bereiten, unentrinnbar macht.

Die Kunst der Tarnung ist ein Teil der Kriegskunst, die Lüge eine Kriegslist. Daher haben sich in literarischen Darstellungen der heimlichen Liebe oft Metaphern erhalten, in denen auch die Beziehung zwischen Mann und Frau Qualitäten eines Kampfes hat. Der Triumph der Heimlichkeit ist kein Triumph, solange zum Triumph gehört, daß er öffentlich ausgekostet werden kann. Diese Situation schafft jene merkwürdige Nähe der Heimlichkeit zur Liebe, deren innige Qualitäten in ihrer Veröffentlichung zugrunde gehen. Ausdruck und Zurückhaltung haben ihre eigenen Ambivalenzen. Wer seine Liebe ganz ausdrückt, hat das Gefühl, sie wegzugeben und nichts mehr von ihr zu behalten. Wer sie zurückhält, muß fürchten, übersehen und nicht beachtet zu werden.

Auf viele Liebende übt gerade die Zurückhaltung der Partnerin oder des Partners großen Reiz aus. Wer alles gibt, hat nichts mehr zuzusetzen; wer etwas zurückhält, wirkt reich und geheimnisvoll. Es ist nie alles gewesen. In einer Zeit, in der ein Gefühlsausdruck nirgends besser «rüberkommen» muß als im Werbefernsehen, schützt uns das von vielen Menschen als Hemmung verabscheute Zögern, ohne Stocken «Ich liebe dich» zu sagen, vor Banalität. Je schwerer solche Worte über die Lippen kommen, desto kostbarer sind sie – sind sie nicht dann am kostbarsten, wenn sie nie gesagt werden, nur insgeheim gedacht?

Eine weitere Paradoxie ist die von Vereinzelung und Bindung. Liebende, so will es die Hoffnung der Menschen, die sich einsam fühlen, sind niemals allein. Aber gerade die Personen, welche an eine Liebesbeziehung solche Erwartungen richten, beschwören geradezu das herauf, was sie um jeden Preis vermeiden wollen. Ich erinnere mich an eine achtunddreißigjährige, sehr schöne und kluge Akademikerin, die – während sie mit dem einen Freund versuchte, ein Kind zu empfangen – auf Heiratsanzeigen antwortete und mit erbärmlich schlechtem Gewissen andere Männer traf, weil sie fürchtete, nicht schwanger zu werden, und weiter fürchtete, daß der gegenwärtige Freund ihre Kinderlosigkeit nicht ertragen könnte, sich von ihr trennen würde, so daß sie mit dreiundvierzig Jahren einsam wäre; dann wären ihre Chancen, einen neuen Mann kennenzulernen, dermaßen schlechter geworden, daß sie unbedingt jetzt alles daransetzen müßte, den Mann zu finden, mit dem sie alt werden könnte.

Es ist einzusehen, daß diese Frau durch ihre Unsicherheit, ob sie gut genug für einen Mann sei, höchste Ansprüche an sich und den potentiellen Partner richtete; so lebte sie in dem Gefühl, ständig von Einsamkeit bedroht zu sein, weil sie selbst – um dieser Gefahr zu entgehen –

jederzeit bereit war, sich «für ewig» an den Mann zu binden, dem sie ein solches Gelöbnis glauben könnte. Der kleine Fehler, der das System zuschanden machte, war nun, daß sie keinem Mann glauben konnte, er würde sie nicht – wie sie es doch auch plante – jederzeit wegen einer anderen verlassen, deren Ewigkeitsversprechen glaubhafter wäre. Ihre Klugheit nützte ihr angesichts ihrer Panik nur sehr wenig; sie war in den letzten Monaten nicht schwanger geworden und fürchtete jetzt schon, daß ihr das nie gelingen würde.

Liebeswünsche, die früher spirituell befriedigt wurden (Jesus Christus, dem sich eine Nonne vermählt), sind heute verweltlicht. Darüber hinaus ist die Paarbeziehung durch die Tatsache überfordert, daß sie auf Entscheidungen beruht. In der traditionellen Welt suchten die Eltern Partner für ihre Kinder. Heute ist es eigentlich am einfachsten, wenn die Intensität einer sexuellen Beziehung zu einer Schwangerschaft führt und danach das reale Kind die Auseinandersetzung des Paares mit den Fähigkeiten zur Elternschaft einleitet. Vorher abwägend zu entscheiden, ob es der/die Richtige ist, mit dem sich da ein Anfang entspinnt, ist Heldenwerk und paßt geradesogut zu Sisyphus wie zu Herkules.

Die Partner – und am schlimmsten sind natürlich Pädagogen, Psychologen, Ärzte und andere Berufe, die sich über die zahllosen Möglichkeiten kundig gemacht haben, wie Elternschaft scheitern kann – nehmen sich vor, alle Fehler zu vermeiden. Sie wollen die Frage ihrer Elternwürdigkeit klären, ehe sie sich auf das Unternehmen Kind einlassen. Dadurch wird die ohnehin vorhandene Neigung verstärkt, im Partner Elternersatz zu suchen. Ein gesundes Baby, wie es mit hoher Wahrscheinlichkeit geboren würde, hat relativ einfache Ansprüche und wächst recht schnell heran. Was aber Erwachsene an babyhaften Ansprüchen in sich tragen, ist kompliziert und wächst nicht heran.

Daher ist die Zensur der mit dem potentiellen Baby identifizierten Sozialberufler an der eigenen beziehungsweise der Elternkompetenz des Partners gnadenlos und kaum zu befriedigen. Das Paradox geht noch weiter. «Wenn du jetzt, wo wir noch gar kein Kind haben, schon so viel Angst vor dem hast, was da an Forderungen auf dich zukommt – wie willst du es dann jemals schaffen, ein Kind großzuziehen!» So ähnlich formulieren solche Menschen ihre Sorgen. Sie beachten nicht, daß die Angst vor einer imaginären Schwierigkeit immer größer ist als die Furcht vor einer realen Situation. In der angstgeleiteten Phantasie schreit das Baby immer, hat alle möglichen Krankheiten, der Partner dreht durch. In der Realität ist es sehr wahrscheinlich, daß das Baby auch einmal schläft, daß es vielleicht eine Krankheit hat, aber viele andere nicht, und daß der Partner nicht gleichzeitig mit dem Schreien des Babys durchdreht, sondern seine Ansprüche erst anmeldet, wenn dieses zufriedengestellt ist.

Die beste Voraussetzung für Elternschaft ist eine gute sexuelle Beziehung, die sich nicht viel um die Zukunft schert, aber doch als so tragend erlebt wird, daß man ihr einige Auseinandersetzungen zumuten kann. Mit dieser Stabilität unter sich kann das Paar den Mut gewinnen, das Kind – schließlich ein Produkt dieser sexuellen Intensität – erst einmal in diese einzubeziehen und zu glauben, daß das Kind so gut sein wird wie die gemeinsame Erotik, daß es gewissermaßen erwacht, schreit, sich befriedigt und schläft.

Alles weitere ergibt sich aus dem, was in diesem Geist mit dem Kind und dem Partner oder der Partnerin ausgehandelt wird. Unter diesen Prämissen ist Elternschaft nicht etwas, das vorhanden sein muß, ehe man wagt, sie zu beanspruchen, sondern etwas, das sich entwickelt und dann da ist, wenn es gebraucht wird. In Beratung und Therapie sehen wir freilich öfter die Paare, bei denen die sexuelle Beziehung bereits dadurch ernsthaft beschädigt wurde, daß sie nur dann stattfinden darf, wenn die Frage, ob die Partner füreinander (und womöglich für alle Zukunft) genügend gute Eltern sind, zufriedenstellend geklärt wurde.

Die charakterischen Stationen der modernen Ehe sind

1. das Liebesverhältnis in getrennten Wohnungen,
2. der gemeinsame Haushalt,
3. das gemeinsame Kind.

Jede von ihnen muß in vielen Fällen mit einer Abnahme der erotischen Spannung erkauft werden. Nicht selten hört der Therapeut, wie Paare die Frühzeit idealisieren, in der die Liebesbeziehung noch viele Qualitäten der heimlichen Liebe hatte,* in der Mann oder Frau sich nachts oder in den Morgenstunden auf den Weg machen mußte, um am nächsten Tag in der eigenen Wohnung aufzuwachen. Jeder führte ein Leben, das dem anderen in weiten Bereichen unbekannt war, in das dieser nicht hineinredete und hineinregierte. Wenn ich bei einer Geliebten zu Gast bin, stört es mich nicht, daß das Bad seit Monaten nicht

---

* Glückliche Paare, die ein Ritual entwickeln, das an diese Frühzeit erinnert; ich kenne einen Fall, in dem beide seit fünfzehn Jahren zum Tag des Beginns ihrer damals heimlichen Liebe in der Kneipe von damals essen und danach gegen Mitternacht verstohlen in das Büro der Frau gehen, um in aller Unbequemlichkeit die Erotik des Anfangs wiederzubeleben.

geputzt wurde und in der Küche drei Kartons mit leeren Weinflaschen geduldig darauf warten, daß sie jemand entsorgt. Aber in meinem eigenen Haushalt kann ich Schmutz im Bad und Unordnung in der Küche nicht ertragen.

Wenn wir uns entscheiden, einen gemeinsamen Haushalt zu führen, kann ich um der Liebe willen das Bad putzen und die Weinflaschen wegräumen, sobald sie mich stören, weil im Zusammenleben schließlich immer der im Nachteil ist, der weniger Unordnung ertragen kann. Merkwürdigerweise habe *ich* ganz wenig Dreck gemacht und ganz wenig leere Flaschen produziert, während meine Geliebte, kaum ist sie eingezogen, Unmengen an solchen Irritationen produziert ...

Ernsthafter betrachtet: Das Zusammenleben mäßigt die Idealisierungen, nach denen die modernen Liebenden hungern. Es gefährdet die Erotik, weil es mehr Irritationen gibt und die Gefahr größer ist, daß ein Wunsch, zusammenzukommen, auf Rückzugsbedürfnisse stößt. Wer sich verabreden muß, um sich zu treffen, kann viel einfacher Ausreden erfinden, die niemanden kränken. Im Zusammenleben, mit verbesserter Kontrolle, ist das nicht mehr so einfach. Was weiß die Geliebte, die meinen Alltag nicht teilt, davon, wieviel ich getrunken habe, wie spät es wurde, wieviel Arbeit ich morgen habe? Sie wird all diese Argumente bereitwilliger akzeptieren als meine Wohnpartnerin, die miterlebt hat, daß ich gestern pünktlich ins Bett kam, daß mein Alkoholkonsum gering ist und mein Chef tolerant – ich habe ihr gegenüber keine Chance zu behaupten, ich sei müde und wolle meine Ruhe.

Das Zusammenleben zeigt uns deutlich, daß unbeschränkte Wahrhaftigkeit ein himmlisches Ideal, aber kein nützlicher Weg ist, um auf Erden eine gute Beziehung zu haben. Die wirkungsvolle Mischung aus Schweigsamkeit und Kampfgespräch, aus taktvollem Übergehen von Störungen und rechtzeitigem Ansprechen, ehe die Wut übermächtig und die Erotik beim Teufel ist, sie alle wollen gelernt sein. Unsere mediengespeisten Beziehungsillusionen rüsten uns für diese Expedition ins Unbekannte aus wie ein Reiseveranstalter, der Sommerkleider und Sandalen für eine Gletscherwanderung empfiehlt.

Die heimliche Liebe ist häufig ein Versuch, wenigstens einen Teil dieser freien, heiteren Verliebtheitsanfänge zu retten. Sie sollen neu belebt und so schnell wieder verlassen oder sichtgeschützt und möglichst taktvoll ausgedehnt werden, daß die Hauptbeziehung nicht leidet. Die heimliche Liebe kann gelingen, das ist weder unmoralisch noch unmöglich. Aber eine Einschränkung gilt doch: Die heimliche Liebe setzt, nicht anders als der konstruktiv gelebte Ehealltag, ein Mindestmaß an Reife, an Vernunft, an Bereitschaft voraus, Grenzen zu akzeptieren und sich in menschliche Belastungen einzufühlen. Sie wird riskant, wenn sie versucht, sich wichtiger zu machen als die Hauptbeziehung, und nur zustande kommt, indem diese entwertet wird. Wer im Begriff ist, sich von einem bösen Partner zu trennen, und es nur deshalb nicht längst schon getan hat, weil dieser sonst Selbstmord begeht, die Kinder raubt, den Betrieb ruiniert, ist kein guter Kamerad für eine heimliche Liebe.

Solche Situationen sind deshalb gefährlich, weil die Illusion der Verliebtheit durch Entwertung eines Dritten erkauft wird. Nachdem die Realität des festen Partners nicht geleugnet werden kann, wird wenigstens sein Wert bestritten. Beliebt ist die Lüge, es gebe keinerlei sexuelle Beziehung mehr, die Scheidung stehe bevor und so weiter.

Die gebundenen Geliebten, die vorgeben, sie seien nicht in Liebe oder wenigstens in emotionaler Abhängigkeit, sondern aus allen möglichen äußeren Gründen gebunden, kündigen an, sie wollten eigentlich nicht den heimlichen Genuß. Sie wollten das Ganze, das Dauerhafte, das Allumfassende, die unverlierbare Sicherheit. In dieser Situation ist zu fragen, was ihnen diesmal helfen soll, jene Illusionen zu festigen, in deren Trümmern sie sich bewegen. Die Idealisierung des neuen Partners kann diese Kraft nicht haben, denn sie unterscheidet sich doch nicht von der des alten, der gegenwärtig derart verteufelt wird. Nur wer solche realistischen Überlegungen scheut, wird in sich die Frage zum Verstummen bringen, ob jemand, der gegenwärtig wertlos findet, was er einst begehrt hat, in der Lage sein wird, dem neuen Gegenstand seiner Wunschträume dieses traurige Schicksal zu ersparen.

Die mosaischen Gesetze, nach denen Ehebrecher und Ehe-
brecherinnen gesteinigt werden, sind nicht mehr verbindlich, haben sich allenfalls in sublimierter Form erhalten.
Eine Art Beliebigkeit hat ihnen Platz gemacht. In ihr sind
moralische Vorwürfe durchaus noch erhalten, umgekehrt
fällt aber auch der Vorwurf des Moralisierens. In einem modernen Hollywood-Melodram packt der / die Betrogene
gleich nach der schmerzlichen Erkenntnis die Koffer. Die
Realität ist anders, aber daß diese primitive Lösung in den
Medien so überrepräsentiert ist, trägt zu ihr bei.

Es gibt keine einheitliche äußere Autorität mehr, die
den Umgang mit dem regelt, was als sexuelle Treue gefor-
dert werden darf. Der oder die Durchsetzungsfähigere
bestimmt die Norm. Dadurch werden die Gefahren der
Eifersucht ebenso wie die Bewertung der Lüge aus dem
Bereich des Common sense, des gesunden Menschenver-
standes, herausgenommen und der Betroffenheitsrhetorik
anvertraut. «Wenn du mich wirklich liebst, kannst du mir
doch nicht diese harmlose Nebenlust verbieten, die dir
nicht das geringste wegnimmt!» – «Wenn du mich wirklich liebst, kann es doch nicht so schwer sein, auf diese angeblich bedeutungslosen Seitensprünge zu verzichten, wo
du doch weißt, wie sehr sie mich verletzen!» So entsteht
die Pattsituation des Machtkampfs, in der in jedem Fall die
liebevollen Gefühle beschädigt werden.

Eifersucht ist weder unvernünftig, noch ist der vernünftige Umgang mit ihr unmöglich. Aber er ist unter den Bedingungen der Moderne erschwert. Denn bei der Eifersucht geht es meistens um Sexualität in einer tieferen Bedeutung als der sozusagen abgezirkelten Möglichkeit, sich einen Orgasmus zu verschaffen oder auszuprobieren, ob sich der Genitalkontakt mit A wesentlich von jenem mit B, C, D oder E unterscheidet. Da die sexuelle Beziehung geschaffen ist, Kinder zu zeugen, ist sie auch mit der Phantasie einer engen, unauflöslichen, haltgebenden Beziehung verknüpft.

Diese Form der Geborgenheit wird in der Moderne um so unentbehrlicher, je ausgeprägter die Freisetzungsprozesse sind. In Großfamilie, Inselwelt, Dorf, Gebirgstal enthält jene Umwelt, in der die Kirche steht, wo meine Großeltern getraut wurden, jene Qualitäten von Heimat, die in der Wohnwabe einer Großstadt bei dem Menschen gesucht wird, der mit mir Tisch und Bett teilt. Die Möglichkeit, den Staub des Heimatdorfes von den Füßen zu schütteln, wenn es gar zu eng und bedrückend wird, ist teuer bezahlt. Der geliebte Mensch, der die neu gewonnene Mobilität begleiten und stabilisieren soll, kann so viel Halt nur geben, wenn er vollkommen ist.

Die Bürger der Moderne sind an das Ideal der partnerschaftlichen Liebe als Heimatersatz gebunden. Sie können sich darauf einigen, nach ihm zu streben, sie können es in den Phasen der Verliebtheit auch erreichen. Aber um sich sicher zu fühlen, sind sie dann auf einen Dauerzustand der Verliebtheit angewiesen. Oder aber sie müssen versuchen, den schmerzhaften Prozeß der Desillusionierung gemeinsam zu bewältigen. Das gelingt, wenn sie lernen, sich in ihm, so gut es geht, zu unterstützen. Dann haben sie eine Chance, die kostbaren Momente abzuwarten und zu erneuern, in denen aus der Routine eines vertrauten Ehe- und Elternteams wieder die Verliebtheit wächst.

Es gibt in Adalbert Stifters «Nachsommer», dieser Mustergeschichte über Verliebtheit, Enttäuschung und Neubeginn, eine Szene, in der ein alter Gärtner den Helden Heinrich zu dem ebenso alten Säulenkaktus im Gewächshaus führt, aus dem nach vielen Jahren eine mächtige Blüte gewachsen ist. Der *cereus peruvianus*, der unter seiner stachelbewehrten, unscheinbaren Haut die Möglichkeit zu solchen Ausbrüchen trägt, wiederholt das Thema der Entwurzelung, Verwurzelung, Entfremdung und trotzigen Blüte, das die modernen Liebenden bestimmt.

Wenn ein Paar in Eifersuchtskonflikte gerät, hängt das mit Unverträglichkeiten der Sicherheitsbedürfnisse zusammen. Es ist schwierig geworden, sich zu verständigen und Kompromisse zwischen den unterschiedlichen Bedingungen zu finden, unter denen Sicherheit erlebt werden kann. Sobald wenigstens darüber Einigkeit gewonnen ist, daß Eifersucht berechtigt, in gewissem Umfang sinnvoll und unter günstigen Bedingungen nicht nur erträglich, sondern auch für die Beziehung konstruktiv sein kann, ist eine Verhandlungsgrundlage hergestellt, auf der dann die Grenzen des Zumutbaren geklärt werden können. Die eifersüchtige Extremreaktion, in der sich durch die Kenntnisnahme einer sexuellen Untreue der bisher geliebte Lebenspartner in ein Monster verwandelt, das haßvoll verlassen werden muß, hat diese Verhandlungsgrundlage verlassen; die verleugnende Gegenreaktion, wonach Eifersucht kindisch, bösartig-besitzergreifend, verschlingend oder auch nur kleinbürgerlich ist, sucht sie erst gar nicht auf. Wer seine Neigung zu solchen Extremen in

Frage stellen kann, gewinnt eine Chance, die viel Lebensqualität retten kann.

Liebespartner sind in der Moderne füreinander die zentrale Garantie von Geborgenheit, das Versprechen einer eigentlich bedingungslosen Liebe und Fürsorge angesichts einer Welt, in der jedes Ding und jede Dienstleistung ihren Preis hat. Jede Beziehung von ähnlich verschmelzender (oder auch nur als verschmelzend phantasierter) Intensität wie die, welche als «meine Beziehung» erlebt wird, reißt eine Lücke in die schützende Außenhaut. Je nachdem, wie stark sich das Paar bisher in wechselseitigen Idealisierungen gegen die Umwelt abgegrenzt hat, ist diese Lücke so unangenehm wie ein Rostloch in einer Autokarosserie, ein Riß in der Kabine eines Düsenflugzeugs oder ein Schaden in der Hülle einer Raumstation. Einmal dringt nur Regen ein. Der Wert des Fahrzeugs sinkt; wird nichts unternommen, kann der Schaden um sich greifen und tragende Teile angreifen. Im zweiten Fall ist es eine ernstliche Havarie, in der die Passagiere mindestens mit Atemnot rechnen müssen und ein Absturz droht, wenn die Piloten nicht geistesgegenwärtig reagieren. Im luftleeren Raum ist das kleinste Leck tödlich.

Die innere Gefahr, deren Signal die Eifersucht ist, geht weit über die Furcht hinaus, eine Quelle konkreter Bedürfnisbefriedigung zu verlieren. Daher ist das naheliegende Argument, das zuerst im «Decamerone» geäußert wurde, auch unfähig, die Leiden des Eifersüchtigen zu beschwichtigen. Es ist die siebte Geschichte des sechsten Tages:

«Im Lande Patro hatte man früher ein in der Tat ebenso tadelnswertes wie hartes Gesetz, das ohne Unterschied alle vom Manne im Ehebruch ertappten Weiber gleich denen, die für das Geld sich einer Mannesperson preisgaben, zum Scheiterhaufen verurteilte. Als dieses Gesetz galt, wurde einst Filippa, eine schöne, aber überaus verliebte Dame, die Gattin des Rinaldo von Pugliesi, in den Armen ihres Liebhabers, des Lazarino de Guazzagliotti, eines wohlgebildeten, jungen, von ihr heißgeliebten Kavaliers aus der Provinz, in ihrem eigenen Schlafgemache von ihrem Mann überrascht.

Kaum konnte sich Rinaldo bei diesem Anblick vor Zorn des Mordes enthalten, und nur mühsam bezwang die Sorge um sich selbst seine Hitze. Doch konnte er nicht umhin, den Tod seiner Gattin nach dem Gesetze zu verlangen, verklagte sie mit hinlänglichen Beweisen ihres Verbrechens ohne weiteren Anstand am anderen Morgen und ließ sie vor den Richter fordern.

Beherzt, wie alle Verliebten, beschloß die Dame, ungeachtet viele Freunde und Verwandten es ihr widerrieten, zu erscheinen und lieber beim Geständnis der Wahrheit großmütig zu sterben, als durch schimpfliche Flucht Verbannung zu dulden und sich dadurch ihres Liebhabers, in dessen Armen sie die vorige Nacht angetroffen wurde, für unwürdig zu erklären.

Sie ging mit einem ansehnlichen Gefolge zum Richter und fragte mit dreistem Blick und unerschrockener Stimme, was er von ihr verlange.

Ihre Schönheit, Artigkeit und ein hoher Geist, der sich in ihren Worten zeigte, bewogen den Richter zum Mitleid. Er fürchtete, ihr Bekenntnis könne ihm das Todesurteil abnötigen, wenn er gleich ihre Ehre schonen wollte. Doch mußte er sie über die Anschuldigungen befragen.

‹Rinaldo, Euer Gemahl›, sprach er, ‹gibt vor, Euch mit einem anderen im Ehebruche angetroffen zu haben, und verlangt, nach unserer Satzung, Euer Todesurteil. Vor allen Dingen ist Euer Geständnis nötig, antwortet mir daher mit Bedacht, ob seine Anklage begründet sei.›

‹Mein Herr›, antwortete sie unerschrocken und mit gelassnem Tone, ‹ich werde nie leugnen, daß Rinaldo, mein Gemahl, mich diese Nacht in den Armen des Lazarino, in welche ich mich aus wahrer Liebe öfters warf, angetroffen hat, aber Ihr werdet auch wissen, daß Gesetze allgemein und mit Einwilligung jener abgefaßt sein müssen, die sich daran halten sollen. Das gegenwärtige verpflichtet bloß die armen Weiber, die doch eher als die Männer mehrere befriedigen können. Wann willigte aber je eine Frau in dieses Gesetz, oder wann wurde sie auch nur darum befragt? So ungerecht dasselbe also ist, so stelle ich doch Euch frei, es zu meinem Nachteil zu vollstrecken. Nur eine einzige Gnade bitte ich mir von Euch aus, vor dem Urteilsspruche meinen Mann zu fragen, ob ich ihm nicht, so oft er's verlangt hat, ohne Widerrede zu Willen gewesen bin.›

Dies bejahte Rinaldo sogleich, ohne die Frage des Richters abzuwarten.

‹Nun›, fuhr die Frau alsbald fort, ‹so frage ich Euch denn, Herr Richter, was sollte ich, da ich ihm stets so viel gewährte, als er brauchte und verlangte, mit dem Überrest machen? Ihn vor die Hunde werfen? War es nicht besser, einem Kavalier, der mich liebt, damit zu dienen, als ihn umkommen und verderben zu lassen?›

Fast ganz Patro hatte sich bei der Untersuchung gegen diese angesehene und berühmte Dame eingefunden, und jedermann mußte über ihre artige Frage lachen. Einstimmig spendeten sie ihr und ihrer Rede Beifall und schränkten, auf Anregen des Richters, ehe sie auseinandergingen, dies harte Gesetz dahin ein, daß es hinfort nur solche Frauen traf, welche aus Gewinnsucht ihre Männer hintergingen.

Beschämt durch dieses törichte Unternehmen, verließ Rinaldo die Gerichtsstätte, und seine Frau kehrte ungehindert und freudig mit Ehren nach Hause zurück.»[*]

In dieser Geschichte manifestieren sich das Ende der mittelalterlichen Theokratie und das Heraufkommen einer von Individuen im «contract social»[**] gemachten Moral. Ökonomisches Denken dringt in die Sphäre der sittlichen Regelungen ein; die neue, an Lust und Nutzen orientierte Zweckrationalität kündigt sich ebenso an, wie sie bekämpft wird (denn die Todesstrafe bleibt bei den Frauen erhalten, die ihre Gunst verkaufen). Die frivol-weltliche Sicht des «Decamerone» drückt die Vorreiterrolle der Höfe im «Prozeß der Zivilisation»[***] aus. Die patriarchalische Benachteiligung der ehebrechenden Frau wird ebenso in Frage gestellt wie die fragwürdige Gerechtigkeit, die darin liegen könnte, aus Prinzip und nicht wegen einer tatsächlichen Benachteiligung zu strafen. Die Rahmenerzählung des «Decamerone» weist auf den Spielraum der moralischen Entwicklung durch die sittliche Macht der Feudalherrin hin: Sie ist über viele ritterliche Männer gestellt, die ihr dienen und ihr zuliebe Geschich-

[*] Giovanni Boccaccio (1313–1375), Il Decamerone. Übers. «Das Decameron» v. Johannes von Guenther, München (Wilhelm Goldmann Verlag) 1955, S. 290–293.
[**] Erst im 18. Jahrhundert wurde der von Boccaccio kühn vorweggenommene Gedanke durch Rousseau systematisch formuliert, daß Gesetze denen dienen sollen, die unter ihnen leben, und durch den Konsens der Bürger geändert werden können.
[***] Vgl. Norbert Elias, Der Prozeß der Zivilisation, Frankfurt (Suhrkamp) 1973.

ten ersinnen sollen. Selbst ihrem Mann unterworfen, kann sie doch andere Männer bewegen, die Macht einer Frau anzuerkennen.

Den Gerichtshof von Patro, der die Argumente der schönen Filippa zum Anlaß nimmt, sein strenges Gesetz zu ändern, wünschen sich viele der ertappten heimlichen Liebenden. Aber da gegenwärtig nicht die Öffentlichkeit, sondern die Partner und Partnerinnen der Zweierbeziehung über die Fragen von Schuld und Sühne des Seitensprungs urteilen, erkennen sie oft verwundert, wie wenig die Behauptung ausrichten kann, der oder die Geliebte hätte nur den ohnehin in der Partnerschaft brachliegenden Teil des erotischen Kapitals bekommen. Daß die Dritten geschenkte Befriedigung nur der Anlaß ist, sich vor einer undichten Stelle im Schiff zu fürchten, kann eine erste Aufklärung in dieser Verwunderung bringen.

Die vom Eifersüchtigen eingeklagten Qualitäten der Beziehung werden von psychologisch Gebildeten häufig mit dem Wort «symbiotisch» versehen. Die Symbiose gilt nach einem psychoanalytischen Entwicklungsmodell als das erste Stadium der kindlichen Verbindung mit der Mutter.[*] Das Kind erlebt die Mutter nicht als getrenntes, von eigenen Wünschen bewegtes Objekt, sondern als Teil der eigenen Person. Die Mutter umgekehrt ist überzeugt, zu wissen, wie es ihrem Kind geht, was es fühlt. Sie spricht für es: «Jetzt gehen wir zu Bett, jetzt trinken wir, jetzt baden wir.»

Diese Vorstellung eines unzertrennlichen Wir gehört auch zu den Modellen der Liebesbeziehung. Es ist gut

---

[*] Margret Mahler, Symbiose und Individuation, Frankfurt (Fischer) 1972.

möglich, daß unser Bild der frühkindlichen Symbiose, von dem wir nicht durch eigene Erlebnisse, sondern nur durch Rekonstruktionen wissen, durch eine Rück-Projektion unserer erwachsenen Liebesregressionen entstanden ist.

Die Symbiose macht den Partner zu einer Provinz des eigenen Bewußtseins. Alles, was wichtig ist, soll gemeinsam sein, alles, was lustvoll ist, geteilt werden. Es darf keine Zeit geben, die schöner ist als die mit dem Partner verbrachte, kein Gespräch, das anregender ist, keine sexuelle Praktik, die ungewöhnlicher ist. Diese Wünsche sind um so intensiver, je schlechter das Selbstgefühl der betreffenden Personen den Widerspruch zwischen Anspruch und Wirklichkeit überbrücken kann.

Es ist in der Beobachtung des Einzelfalls oft schwer zu entscheiden, ob die Krisen des Selbstgefühls nun dadurch ausgelöst sind, daß jemand zuwenig narzißtische Bestätigung (Liebe, Lob, Erfolg) *bekommt* oder aber daß er sie *zuwenig annehmen* kann. Wer erleichtert ist, kein unterdurchschnittliches Ergebnis erreicht zu haben, wird mit seiner Arbeit anders umgehen als der, den es nur befriedigt, der Erste zu sein. Für ihn ist es keine Kränkung, das Examen nur bestanden, aber nicht die Auszeichnung erhalten zu haben.

Mit großem Scharfsinn hat Shakespeare in seiner Bearbeitung des «Othello» erfaßt, daß gerade die prekäre Position des Schwarzen unter einer weißen Mehrheit diesen dafür anfällig macht, seiner weißen Gemahlin zu mißtrauen. Othello ist dort selbstbewußt, wo er durch Leistung seinen Rang beweisen kann. Wo es darum geht, sich liebenswert zu fühlen, erwacht sein Selbstzweifel blitzschnell. Ein Intrigant, dessen List der Feldherr in der Schlacht sofort durchschauen würde, hat leichtes Spiel.

Der Glaube an Sicherheit in einer Beziehung entpuppt sich, genau betrachtet, als Illusion. Der Liebespartner kann morgen tot sein, sich in jemand anderen verlieben, vom Gang zum Briefkasten nicht mehr zurückkommen. Aber diese Illusion hat Faszinationen, von denen sich viele Menschen nur mit großer Anstrengung distanzieren können. Für die Disposition zur Eifersucht ist eine Stufe innerhalb der Persönlichkeit charakteristisch, eine Art Sollbruchstelle, die dann aufreißt, wenn die Illusion der absolut «festen» Partnerin (oder des Partners) in Frage gestellt ist.

Die oder der Eifersüchtige hat viele starke Komponenten in seiner Persönlichkeit, die beispielsweise mit Fähigkeiten zusammenhängen, andere zu übertreffen, in einer Konkurrenz zu gewinnen, sich durchzusetzen. Diese kraftvollen Seiten verbergen eine tiefe Unsicherheit in der Geschlechtsrolle. Das spezifisch erotische, auf emotionale Bindungen gerichtete Selbstvertrauen ist schwach. Es bedarf dringend der Stütze durch eine idealisierte Beziehung – durch den Partner, der ganz und gar bewundert, der ausschließlich liebt, der in jeder Frage auf der eigenen Seite steht, der lieber Vater und Mutter, Bruder und Schwester verläßt und verrät als den Eifersüchtigen.

Der Eifersüchtige braucht die geliebte Person also nicht primär, um seine erotischen Wünsche, seine Bedürfnisse nach Zärtlichkeit oder nach Austausch im Gespräch zu befriedigen. Er ist sogar bereit, all diese Einzelheiten, aus denen sich die lustvollen Mosaike des Alltagslebens einer Liebesbeziehung zusammensetzen lassen, preiszugeben, um ein einziges zu gewinnen: die benötigte Stütze für sein Selbstgefühl. Der Eifersüchtige ist immer in Gefahr, die für erwachsene Beziehungen charakteristische Orientierung an der Einfühlung in die realen Möglichkeiten des Partners zu verlieren. Er regrediert zu einer kindlichen Orientierung am Schmerz. Im Extremfall kann er gar nicht mehr über seine Leiden und Ängste sprechen, sondern nur sich selbst und/oder die Bezugsperson töten. In anderen Fällen wird das Objekt der Eifersucht drangsaliert, beschimpft, bedroht, bis es zurückschlägt, weggeht, kurzum bestätigt, daß die Liebe unzuverlässig und der Schmerz gewiß ist.

Der Eifersüchtige kann den Menschen, dessen Idealisierung ihn aufgewertet hat, nicht in dem Augenblick aufgeben, in dem er enttäuscht wird oder auch nur fürchtet, enttäuscht zu werden. Er kann ihn aber auch nicht in der bisherigen Funktion belassen. Dazu ist er zu stolz. Rinaldo bringt Filippa vor Gericht. Es gelingt ihm nicht, was der selbstbewußte junge Liebhaber in einem jüdischen Witz sagt, als ihn ein schadenfroher Besserwisser auf die Untreue seiner schönen Geliebten hinweist: «Bin ich doch lieber beteiligt mit fünfzig Prozent an einem guten Geschäft als mit hundert an einem schlechten.» Das vermag der Eifersüchtige sowenig, wie es der Ehrgeizige erträgt, in einer großen Firma der zweite Mann zu sein. Lieber ist er in einer kleinen Firma für einen Bruchteil des Gehalts der erste.

Sich von allen Liebespersonen zu trennen, ehe sie einen enttäuschen können, ist eine andere Strategie, die vermutlich einer durchaus ähnlichen narzißtischen Bedürftigkeit entspringt, diese jedoch nicht als emotionalen Konflikt, sondern als scheinbar emotionslose Entwertung des eben noch bewunderten Wesens formuliert. Der Don Juan, der nur die uneroberte Frau idealisiert und die eroberte in seinem Register zugleich verewigt und begräbt, kann niemals eifersüchtig werden, weil er keine Person so lange festhält, daß er fürchten muß, sie zu verlieren. Ähnlich Carmen, die nur da begehrt, wo der Geliebte spröde und abweisend ist, den Entflammten jedoch fallenläßt.

Eifersucht entsteht aus so viel Bindung, daß die geliebte Person auch dann festgehalten wird, wenn die Idealisierung der Beziehung nicht mehr möglich ist, und aus so viel Verlustangst, daß jede mögliche Entfernung panisch übersteigert wird. Der Eifersüchtige ist stark genug, um zu kämpfen, vorwurfsvoll zu sein, zu strafen, auf Rache zu sinnen, schwach genug, nicht seiner Wege zu gehen, sondern zu versuchen, durch gesteigerte Anstrengungen die geliebte Person wieder zu kontrollieren, in der vergeblichen Hoffnung, auf diese Weise zur früheren Idealisierung zurückzufinden. Die Unvernunft der Eifersucht liegt darin, die befriedigenden, treuen, wertvollen Teile der Beziehung nicht mehr zu erleben, sondern den Verlust, den Verrat, die Untreue panisch zu übersteigern. Er haßt eigentlich den Gegenstand seiner Eifersucht dafür, daß dieser nicht ebenso abhängig ist wie er. Die Vernunft der Eifersucht liegt darin, daß ein Liebespartner nicht im Augenblick der Enttäuschung fallengelassen wird, sondern der Versuch einer Reparatur – häufig mit ungeeigneten Mitteln – beginnt.*

---

* Die Rede ist hier von der Eifersucht Rinaldos, einem begründeten und doch zu irrationalen Racheimpulsen führenden Affekt. Seltener, aber auch erheblich schwieriger zu verarbeiten ist der Eifersuchtswahn, in dem zum Beispiel eigene homosexuelle Wünsche projiziert und eine sozusagen unschuldige Partnerin von einem Mann verdächtigt wird, mit jedem hübschen Kellner zu flirten und jede unbeaufsichtigte Stunde einen Liebhaber zu treffen. Bekannt ist auch der Eifersuchtswahn von Trinkern, der häufig mit ihrer beeinträchtigten Potenz zusammenhängt.

Die Eifersüchtigen sind es, die das Verschweigen für schlimmer als den Geständniszwang und die Lüge für treuloser halten als die Seitenbeziehung selbst. Sie sind es, die darauf bestehen, daß alle Einzelheiten eines Abenteuers bis hin zu den Details der sexuellen Erregung und der Koitusposition berichtet werden, manchmal mit dem Versprechen, sie seien durch genaue Informationen zu beruhigen. Sie können sich fast nie an das halten, was sie zugesagt haben, um alles zu erfahren. Sie gehen, ohne es zu beabsichtigen, in scheinbarer Heimtücke so vor wie der Polizist, der Straffreiheit zusichert, um ein Geständnis zu erhalten, und sich nachher nicht mehr an das erinnern will, was er gelobt hat.

Mit dem Druck, der auf sie / ihn ausgeübt wird, läßt sich freilich nicht erklären, weshalb das Opfer der eifersüchtigen Verfolgung nachgibt. Sein geheimes Entgegenkommen drückt sich in Fehlleistungen aus, die erst einmal die schlummernde Eifersucht wecken. Obwohl sie wissen, wodurch sie ihre Polizisten wecken, scheinen es diese Liebestäter darauf anzulegen, ertappt, beschämt, bestraft, zu Geständnissen gezwungen zu werden. Sie behaupten, bis zum Morgengrauen in einer Kneipe gewesen zu sein, deren frühe Sperrstunde im Stadtviertel bekannt ist, sie lassen Hotelquittungen über Doppelzimmer in ihrer Spesenabrechnung auf dem Schreibtisch liegen, buchen Flüge für zwei, die durch einen Rückruf der Fluggesellschaft bestätigt werden. Sie hoffen blindlings, daß der eifersüchtige Partner schon zu Bett gegangen ist und friedlich schläft, wenn sie weit nach Mitternacht heimkommen. Sie sind felsenfest überzeugt, daß Tagebuchnotizen, Kalendereintragungen oder Liebesbriefe, die unter der Schreibtischauflage versteckt sind, niemals gelesen werden. Führen die

Eifersüchtigen nicht immer das Wort Vertrauen groß in der Fahne, muß man von ihnen daher nicht glauben, sie würden das Postgeheimnis und die Intimität von Tagebüchern gewissenhaft respektieren?

In vielen Therapiestunden habe ich zusammen mit Frauen und (seltener) Männern, die an den polygamen Neigungen ihrer Partner(innen) schier verzweifelten, nach den Gründen gesucht, die es den Menschen der Moderne so viel schwerer machen, mit Eifersucht umzugehen, als ihren Schwestern und Brüdern aus den fakultativ oder institutionell polygamen Gesellschaften der Jäger- und Nomadenkulturen, deren Traditionen sich im Islam teilweise erhalten haben. Die erste Antwort ist die, daß in der individualisierten Gesellschaft das Paar sich nicht mehr auf einen wirtschaftlichen oder sozialen Rahmen verlassen kann, der die Sprengkraft der Eifersucht begrenzt.

Eifersucht ist in den traditionellen Gesellschaften durchaus bekannt; sie führt zu dramatischen Aktionen, zu Haß und Grausamkeit (wie in der Rahmengeschichte zu den Märchen aus tausendundeiner Nacht). Aber es gibt die innere Bruchstelle zwischen Leistungsautonomie und Gefühlsabhängigkeit nicht, die moderne Eifersüchtige so quält. Die Männer sind formal zu mächtig, die Frauen zu abhängig, um jene regressiven Spaltungen zuzulassen, die in den modernen Eifersuchtsszenen dazu führen, daß Männer wie Frauen sich gleichzeitig an die geliebte Person klammern und sie vernichten wollen, daß sie Geständnisse erzwingen, deren Inhalte sie nicht ertragen, oder Zärtlichkeiten zurückweisen, nach denen sie hungern.

Wenn sich ein islamischer Mann eine vierte Frau nahm, mußte er dafür sorgen, daß die bisherigen Frauen zufriedengestellt waren. Es schadete seinem Ruf, wenn er eine

Frau vernachlässigte; er wurde von ihren Verwandten zur Rede gestellt. Umgekehrt mußte sich die bisher jüngste Frau gar nicht die Frage stellen, ob sie nicht ihren Mann verlassen sollte, weil er sich eine jüngere nahm. Sie wußte, es war ihr Schicksal. Sie war vielleicht selbst einmal diese jüngere Frau gewesen, die einer älteren etwas weggenommen hatte. Sie hatte erlebt, wie ihre Freundinnen erlitten, was ihr geschah, und mit ihnen über die heimliche Gerechtigkeit gesprochen, die darin steckte, daß die erotische Kraft des Patriarchen abnahm, so daß jede Nachfolgerin weniger davon bekam, als ihre Vorgängerin bekommen hatte.

Auch konnte es sein, daß die Rivalin bald schwanger war und die Gunst wieder eine Weile auf sie fallen würde. Vor allem aber gab es für sie keine andere sozial anerkannte und wirtschaftlich mögliche Existenzform, als die Rolle der Favoritin auszukosten und die Rolle der Verlassenen zu ertragen. Ein polygames Familienoberhaupt in einer traditionellen Gesellschaft gleicht keineswegs dem Playboy des Jet-set. Auf ihm lastet die Aufgabe, all seine Frauen gut zu versorgen. Männer wie Frauen sind unter diesen Lebensumständen, die Beziehungen immer auch zu wirtschaftlichen machen, vor Regressionen besser geschützt als in der Moderne, wo die Liebesbeziehung der Hort des Glücks und damit auch in vieler Hinsicht der Illusion ist.

In der traditionellen Kultur sind die Spielregeln klar, hart und nach dem Urteil der Moderne für Frauen höchst ungerecht. Diese Situation führt dazu, daß alle Beteiligten ständig damit konfrontiert sind und nicht um die Einsicht herumkommen, daß die ausschließliche, voll befriedigende und uneigennützige Liebesbeziehung, wie sie aus den Soap-operas in das Gegenwartsbewußtsein eingehämmert ist, nicht existiert, nicht zu erwarten ist und nicht eingeklagt werden kann. Niemand will ausschließlich um seiner selbst willen geliebt werden, wie es das Ideal der Gegenwart verheißt.

In der Durchschnittsfamilie der traditionellen Gesellschaft ist es vernünftig zu sagen: Mein Partner / meine Partnerin ist vielleicht nicht treu, vielleicht erotisch nicht besonders attraktiv, aber tüchtig, wir arbeiten zusammen, versorgen uns und unsere Nachkommen, so gut es geht. In der modernen Familie gilt diese Haltung mindestens als Zeichen von Zynismus, wenn nicht als Signal einer seelischen Störung. Sie *ist* es auch insofern, als menschliche Liebesbeziehungen auf einen kulturellen Kontext bezogen sind und ohne ihn gar nicht gelebt werden können.

Selbst wenn die Mutter sich mit einer polygamen Situation abfindet, wird ihr Sohn darunter leiden, daß sie so wenig Stolz besitzt, oder ihre Tochter dem Vater bittere Vorwürfe machen, daß er keine klaren Verhältnisse geschaffen hat.

Die sozialgeschichtliche Situation, in der Eifersucht nicht begrenzt und gezügelt, sondern gefördert und bestätigt wird, ist durch die Bedingungen charakterisierbar, die auch für die Näheangst* verantwortlich gemacht werden müssen: Wettbewerbsorientierung und Leistungsdenken dringen in die Sphären der Gefühlsbeziehungen vor. Wer nicht genügend geliebt wird, ist es nicht wert; wer nicht zufriedenstellend lieben kann, muß sich auf Vorwürfe gefaßt machen. Der kontrollierende Blick auf das Erreichte

---

* Wolfgang Schmidbauer, Die Angst vor Nähe, Reinbek (Rowohlt) 1986.

ist dem leistungsorientierten Menschen eine Selbstverständlichkeit; wenn Gefühlsbeziehungen vom Leistungsdenken erfaßt werden, sind solche Kontrollzwänge auch dort unausweichlich. Dabei wirken Bedürfnisse, Kontrolle auszuüben, mit anderen zusammen, sich einer Kontrolle zu unterwerfen. Zu den Gestalten, welche die Liebesphantasie der Moderne prägen, gehören nicht nur Carmen und Don Juan, sondern auch der Marquis de Sade und Leopold Ritter von Sacher-Masoch. In der sadistischen wie in der masochistischen Perversion gelingt es, die Eifersucht fast ganz auszuschalten.

Dem Masochisten wird es zum höchsten Lustgewinn, als Sklave oder Hund unter dem Bett der Herrin zu liegen, während sie mit einem anderen Mann schläft. Der Sadist freut sich an der Untreue seiner Sklavin, weil er daraus sein Recht ableitet, sie zu bestrafen. Die ausgeprägteste Hilflosigkeit im Umgang mit Eifersucht findet sich bei Menschen, die sowohl sadistische wie masochistische Phantasien durch festgelegte Gegenreaktionen blockieren. Sie können nicht verzeihen und dürfen nicht strafen oder sich rächen. Was sie empfinden, paßt nicht in das Bild, das sie von sich selbst während der Zeit aufgebaut haben, in der sie ihre Partner (und damit sich selbst) idealisieren konnten. Die Selbstmordphantasie wird dann zum verzweifelten Kompromiß der aufgewühlten sadomasochistischen Bewältigungsversuche mit der Selbstachtung. Sie befriedigt Rache- und Strafbedürfnisse in einem und enthält die Verheißung, um den Preis des Weiterlebens für immer dem zu entgehen, was gegenwärtig so unerträglich ist.

Mildere Formen von Selbsteinschränkung betreffen die Befriedigungen, welche mit dem Menschen noch möglich sind, der Anlaß zur Eifersucht gab. Der gehemmte und zum Teil gegen das eigene Wohlbefinden gerichtete Racheimpuls führt dazu, daß sich eine Eifersüchtige oder ein Eifersüchtiger sexuell verweigert.

Charlotte, eine fünfzigjährige Lehrerin, berichtet in der Therapiegruppe, daß sie nach dem ersten Verdacht, ihr Mann habe ein Verhältnis mit einer Kollegin, nie wieder mit ihm geschlafen habe. Sie bewache ihren Mann sehr intensiv, verbringe alle Wochenenden mit ihm und leide darunter, daß sie seit diesem Ereignis, das fünfzehn Jahre zurückliege, nie allein in Urlaub fahren könne, obwohl sie Fernreisen liebe und es satt habe, sich die Ferien über immer mit ihrem Mann in der ländlichen Wochenendwohnung zu langweilen. Charlotte hatte in ihrem Leben nur mit ihrem Ehemann eine sexuelle Beziehung. Sie verdächtigt ihn, daß er gelegentlich ein Bordell aufsucht, und liest an ihn gerichtete Briefe, wenn sie vermutet, daß sie Nachrichten über seine Liebschaften enthalten.

Auf die Fragen der Gruppenmitglieder, warum sie so wenig ertragen könne, daß andere Frauen bekämen, was sie doch offensichtlich nicht haben wolle, reagiert sie mit verlegenem Lachen, ist aber zu keiner weiteren Antwort fähig.

In Boccaccios Novelle müssen Filippa und Rinaldo, jeder für sich, eine Kränkung ihres Selbstgefühls verwinden, wenn sie wieder zusammenkommen wollen. Rinaldo muß ertragen, daß er nicht der einzige ist und daß sich Filippa vielleicht ihm nur aus Pflichtgefühl, ihrem Liebhaber aber aus Neigung hingibt. Filippa muß ertragen, daß sie nicht allein ihren Wünschen, sondern auch ihrem Ehegelöbnis folgen muß. In der Erzählung sind beide Qualitäten angedeutet: Filippas Stolz hindert sie, zu leugnen oder Ausflüchte zu gebrauchen. Aber sie muß bekennen, daß sie keinem der beiden Männer treu ist und daß sie nicht freiwillig aufgedeckt hat, was sie tut, sondern ertappt wurde. Rinaldo gibt zu, daß er keine erotische Kraft übrig hat, um auch noch den Überschuß abzunehmen, den Filippa ihrem Liebhaber schenkt.

Unverkennbar ist die Versöhnung zwischen Filippa und Rinaldo erzwungen. Die dramatische Geschichte endet mit einem Sieg der Frau; schließlich erzählt sie ein Höfling, ein Mann im Dienst am Hof einer Feudalherrin. Aber eine gewonnene Schlacht ist kein gewonnener Krieg. Die romantische Liebe wurde in jenen Zeiten mehr gefeiert, in denen Ehen Zweck- und Wirtschaftsgemeinschaften waren, als heute, wo Schuldgefühle auftreten, wenn die Verliebtheit verblüht. Damals war sie ein kulturelles Muster, eine zur Kunst erhobene Schwärmerei, wie es am anschaulichsten Boccaccios Zeitgenosse Dante belegt, der seiner Angebeteten nicht nur die Erde, sondern auch Unter- und Oberwelt zu Füßen legt. Der Ehealltag von Filippa und Rinaldo bleibt uns dunkel. Hat der mißtrauisch gewordene Gatte künftig verhindert, daß sich die Liebenden wieder sahen? Hat er Filippas Standpunkt akzeptiert? Oder immerhin toleriert, um zu vermeiden, daß Filippa weniger willig wurde als früher? Modern an Boccaccios Geschichte ist, daß die Regelung des Zwischenfalls aus dem öffentlichen Blutgericht genommen und der privaten Sphäre zurückgegeben wird. Hier sollen sich die Eheleute auseinandersetzen und herausfinden, was sie voneinander wollen und wie sie sich nach dem Zwischenfall wieder annähern können.

Heimliche Liebe stabilisiert eine Partnerschaft oft ebenso, wie sie unheimliche destabilisiert. Das Wortspiel signalisiert, wie vieldeutig der Begriff des Heimlichen ist:

Ursprünglich gemeint ist im Althochdeutschen mit *heimilīh* alles, was zum Haus gehört, das Einheimische im Gegensatz zum Fremden, das Innen gegenüber dem Außen. Seit dem 12. Jahrhundert ist bereits die Bedeutung «(Fremden) verborgen» nachgewiesen.

3 Das Geheimnis

Aber das Recht zur Lüge geht in der That noch weiter: es tritt ein bei jeder völlig unbefugten Frage, welche meine persönlichen, oder meine Geschäftsangelegenheiten betrifft, mithin vorwitzig ist, und deren Beantwortung nicht nur, sondern schon deren bloße Zurückweisung durch «ich will's nicht sagen», als Verdacht erweckend, mich in Gefahr bringen würde. Hier ist die Lüge die Notwehr gegen unbefugte Neugier, deren Motiv meist kein wohlwollendes ist.

Arthur Schopenhauer, Preisschrift über die Grundlage der Moral (1840)

Das Geheimnis der heimlichen Liebe unterscheidet sich von anderen Geheimnissen. Es ist sozusagen das am meisten reduzierte Gruppengeheimnis und gleichzeitig das erste Geheimnis, das dem Verrat überhaupt zugänglich ist. Es gibt zwar die Redewendung «Ich habe mich selbst verraten», aber dieser Selbstverrat unterscheidet sich durch viele Merkmale vom denunziatorischen Verrat. Das Liebesgeheimnis verbindet zunächst nur zwei Menschen. Es gibt noch keinen Unterschied zwischen dem Geheimnisträger und dem Geheimnis selbst. Die Liebenden sind das Geheimnis. Sie wissen voneinander, und sie können einander verraten.

Das Geheimnis erzeugt eine Grenze. Sie scheidet zwischen Mitwissern und Nichtwissern. Wer diese Grenze durchdringt, ist ein Spion; wer das Geheimnis nach außen zugänglich macht, ein Verräter. Die starke Bindung, welche durch ein gemeinsames Geheimnis erzeugt wird, haben sich die menschlichen Kulturen schon in vorgeschichtlicher Zeit zunutze gemacht. Das Geheimnis wird nur denen mitgeteilt, die bei ihrem Leben schwören, es niemals zu verraten. Will-Erich Peuckert hat 1951 ein materialreiches Buch über «Geheimkulte» veröffentlicht, das die Männerbünde ebenso beschwört, wie es ihre Ideologien verkörpert. Er behauptet dort, daß Männer besser geeignet sind, solche Bündnisse zu schließen, weil sie ihre Rivalitäten offener austragen und sich dadurch auch eindeutiger gegen die nicht-bündische Außenwelt abgrenzen können, während Frauen einander vorwiegend als Rivalinnen erleben und bereit sind, ihre Solidarität für den Geliebten aufzugeben.*

Die Geheimbünde der totemistischen Traditionen – der Berserker und Werwölfe, des afrikanischen Krokodil- und Leopardenbundes – werden durch religiöse Kulte fortentwickelt: die eleusinischen Mysterien, die Isis-Mysterien, den Mithras-Kult. Geheime Orden, geheime Zeichen, Verschwörungen haben bis in die Neuzeit die Menschen fasziniert. Die Tempelritter, die Jesuiten, die Freimaurer waren in diesem Zusammenhang im Gerede;

* «Am wenigsten ist bei Frauen eine Neigung zum Zusammenschlusse vorhanden, da Frauen, ihrem tiefsten Wesen entsprechend, in den Angehörigen des eigenen Geschlechts mehr Nebenbuhlerinnen als Genossinnen zu sehen pflegen. Und andrerseits sind Frauen doch auch wieder nicht imstande, durch offenen Kampf zu gegenseitiger ritterlicher Achtung und zu anderer in seinem Werte geltenlassender Anerkennung sich hindurchzuringen.» W.-E. Peuckert, Geheimkulte, Heidelberg (Carl Pfeffer) 1951, S. 26.

in den USA gibt es den Ku-Klux-Klan. Die moderne Variante des Motivs von Geheimnis und Verrat prägt Teile der Trivialliteratur wie der Machtpolitik: Es sind die Geheimdienste. In den Spionageromanen treffen sich dann beide Motive, durchkreuzen und verwirren sich beide Bündnisse. Die geheime Liebe verstrickt den Politiker in die Netze eines fremden Geheimdienstes; sie macht den Agenten verwundbar für den Verrat.

Eine wesentliche psychische Funktion des Geheimnisses ist neben der Mauer, die es zwischen Eingeweihten und Unwissenden aufrichtet, die Verlagerung aggressiver Kräfte nach außen. Das Geheimnis schafft etwas wie eine semipermeable Membran, durch die Störungen zwar aus dem Innen nach dem Außen transportiert werden können, jedoch nicht mehr in den Kreis der Eingeweihten eindringen. In Schikaneders Text zu Mozarts «Zauberflöte» wird diese Funktion in deutlicher Anspielung auf die Freimaurer betont: «Zurück» tönt es aus dem Heiligtum, in das die bösen Mächte nicht eindringen können. Novizen müssen in verschiedenen Prüfungen gereinigt werden, wobei die Zeremonie nach der männerbündischen Warnung vor «Weibertücken» eine antiken Mysterien entlehnte Wasser- und Feuerprobe umfaßt.

«Geheimnisse haben» ist ein Element der Macht. «Geheimnisse vor mir haben» ist ein Vorwurf und eine versteckte Machtausübung. Wer kein Geheimnis vor mir haben darf, den kann ich kontrollieren. Dieses Gebot gleicht dem ersten Schritt beim Anlegen einer Festung: Das Terrain wird rasiert, das heißt, alle Bäume, Büsche, Bodenwellen vor den Mauern werden beseitigt, um schon von weitem zu erkennen, wer sich nähert, und freies Schußfeld auf den möglichen Angreifer zu gewinnen.

Um den psychischen Verwicklungen, dem Faszinosum wie der Angst angesichts des Geheimnisses auf die Spur zu kommen, stellt sich die Frage nach seiner Entstehung. An welchen Punkten der individuellen, der gesellschaftlichen Entwicklung taucht es zuerst auf? Die Verbindung des Geheimnisses mit einer Grenze weist darauf hin, daß es in jene Phase der Kindheit gehört, in der auch Kinder aus dem grenzenlosen Verschmolzensein mit der Mutter heraustreten und jene wesentlichen Unterscheidungen zwischen erlaubt und nicht erlaubt, gut und böse, richtig und falsch erlernen. Damit tritt eine Zweiteilung in das menschliche Leben, deren Belastungen («Zwei Seelen fühl ich, ach, in meiner Brust») oft schmerzlich erlebt werden.

In der psychoanalytischen Sexualmythologie ist in diesem Zusammenhang von einer «analen Phase» die Rede. In der für sein Denken charakteristischen Verbindung zwischen körperlichem Detail und kühner Spekulation hat Freud erkannt, daß die Kontrolle über die Schließmuskeln ein zentraler Motor der Vergesellschaftung ist. Wer entscheidet darüber, wann was an welcher Stelle aus den Binnengrenzen des Körpers heraustreten und in die Umwelt entlassen werden darf? Ist es das Kind, ist es die Mutter? Der Zeitpunkt, an dem ein Baby in die Windeln macht, wird durch das Interesse der Mutter* während der sogenannten «Sauberkeitserziehung» zu einem ersten Ge-

---

* Ich folge in dieser Wortwahl der häufigsten gesellschaftlichen Situation, wonach die Verantwortung für die frühe Sozialisation weit überwiegend Aufgabe der leiblichen Mutter ist. Ich halte diesen Zustand jedoch weder für naturnotwendig noch für wünschenswert; die psychologischen Defizite der Kleinfamilie ließen sich mildern, wenn sich Väter in gleichem Maß um Babys kümmern würden wie Mütter.

heimnis, das willig preisgegeben oder hartnäckig verheimlicht werden kann. Die Mutter sucht den Zeitpunkt abzupassen oder das Kind zu bewegen, ihn zu verraten. Das Kind läßt sich darauf ein oder nicht. Der Spontispruch «Die Eltern wollen unser Bestes – aber gerade das kriegen sie nicht» spiegelt diese Lage der Dinge.

Das anale Geheimnis konzentriert sich auf Behalten und Preisgeben, innen und außen, schließlich auf Gold und Dreck. Das Kind findet seine Ausscheidungen kostbar; für die Mutter sind sie verächtlich, stinkend, sie sind kein guter Teil des Kindes, während dieses in einem urtümlichen Narzißmus daran festhalten möchte, daß das, was so innig mit dem eigenen Körper verbunden ist und mit nicht geringer Lust die Schwelle nach außen passiert, doch etwas Wertvolles sein muß. In vielen Märchen findet sich diese Mystifizierung der Exkremente: Sie werden dem, der den Zauberspruch kennt, zu Gold. Und da die ersten Begegnungen mit einem emotional bedrängenden Konflikt prägende Macht gewinnen, überträgt sich die Mischung aus Behalten und Hergeben, aus Trotz und Gefügigkeit, aus Eigensinn und Anpassung auf das Verhältnis zum Geld. Auch Geld ist dem einen Wurst, dem anderen Heiligtum.

Viele Rätsel der menschlichen Unvernunft werden lösbar, wenn wir erkennen, wie sehr unser Liebesleben als Erwachsene von dem Versuch bestimmt ist, Mangelerlebnisse aus der Kindheit zu kompensieren. Das Bedürfnis, von einem Partner schrankenlos in allen Schwächen und Unsauberkeiten geliebt zu werden, spiegelt die Sehnsucht nach dem, was in der eigenen Kindheit gescheitert ist. Die spezifisch menschliche Paarbeziehung entsteht durch eine Synthese aus Sexualität und kindlicher Bindung an den schützenden Erwachsenen. Dieses Amalgam wird im günstigen Fall rational gesteuert und auf einer genitalen Ebene organisiert. «Genital» besagt dabei, daß der Austausch von Fürsorge gegen Fürsorge, Schutz gegen Schutz, Lust gegen Lust funktioniert. In der reifen Liebesbeziehung sind Gefühle und Vernunft verknüpft; jeder weiß, was er am anderen hat, und weiß auch, daß dieses Wissen über die sozusagen ökonomische Qualität des Austausches allein ebenso kalt und leer ist wie die reine Emotionalität ohne Tauschfundament unzuverlässig und ausbeuterisch.

So wiederholen und durchkreuzen sich Sehnsüchte, kein Geheimnis zu haben oder alle Geheimnisse zu bewahren. Der Liebespartner soll wie die frühe Mutter sein, mit der es noch nicht die Grenze gab, an der zwischen zwei Personen mit unterschiedlichen Interessen verhandelt werden mußte. Zur Verhandlung gehört, daß ich nicht alle Karten auf den Tisch lege. Wer im Basar verrät, daß er unbedingt kaufen will, ist im Nachteil. In der naiven Liebe wird nicht zwischen Beziehungen unterschieden, die auf Verhandlungen, und anderen, die auf Verschmelzungen basieren. Zur Verschmelzung gehört die Idealisierung, und die Idealisierung ruft die Spaltung auf den Plan. Was nicht in das Bild des oder der Geliebten paßt, wird verdrängt.

In diesem Zustand der Verschmelzung kann man, muß man einander alles sagen, weil alles gemeinsam ist und es keine Geheimnisse voreinander gibt. Dieser Zustand ist dort am leichtesten zu erhalten, wo kein gemeinsamer Alltag existiert, der unweigerlich die analen Erinnerungen wiederbelebt. Im gemeinsamen Haushalt gibt es immer Probleme um Schmutz und Reinlichkeit, um Sparsamkeit und Verschwendung; man kann die Arbeit, die notwendig ist, gut oder schlecht machen. Die Idealisierung wird auf harte Proben gestellt.

Der Zauber der Verliebtheit des Anfangs hängt dann oft wie ein Magnet im Zentrum einer Beziehung, in der Mann und Frau schon seit Jahren einander vorwiegend frustrieren und quälen, aber nicht voneinander lassen können, weil sie dann jede Hoffnung aufgeben müßten, wieder einmal von diesem Magneten bestimmt zu werden.

Eros wird in der griechischen Mythologie der «Löser» und der «Binder» genannt. In der Tat ist eine neue Verliebtheit das eindeutigste Merkmal, daß die alte zu Ende ist. Die oben erwähnten verzankten Paare halten zusammen, weil die alte Bindung zwar unter Befriedigungsaspekten entwertet, aber noch stark genug ist, eine neue zu verhindern. Tritt Eros in ein solches Paar, so wird er in der neuen Bindung die alte lösen.

Wer die Zusammenhänge von Geheimnis und Erotik untersucht, muß sich in einem komplexen Netz orientieren. Das Geheimnis umgibt den Amor furtivus, aber es ist auch selbst erotisch attraktiv. In dem Rittermärchen von der schönen Melusine, dessen älteste Fassung Jean d'Arras Ende des 14. Jahrhunderts aufzeichnete, ist die Ehe zwischen dem Ritter Raimund und der schönen Feentochter nur so lange glücklich, wie dieser nicht erkennt, daß Melusine an einem Tag der Woche eine Sirene ist. Verweltlicht sieht diese Szenerie so aus, daß die Lebensratgeber des 19. Jahrhunderts den Frauen dringend anraten, niemals ihren Liebhaber bei ihrer Toilette zugegen sein zu lassen. Ähnlich wie es den Betrachter einer Liebesszene im Theater empfindlich stören würde, die Bühnenmaschinerie ohne Verkleidung am Werk zu sehen, soll nur das Ergebnis, nicht aber der Prozeß der Kosmetik sichtbar werden.

Auch hier finden wir die Zusammenhänge von Geheimnis und Analität in sublimierter Form: Raimund darf niemals *alles* von Melusine wissen. Wenn er ihr Geheimnis erfährt, zerstört er die Beziehung; gleichzeitig kann er gar nicht anders, als es zu erfahren. Ähnlich wie im Märchen vom Schwanenritter Lohengrin ist das Geheimnis ebenso unwiderstehlich wie unheilvoll. In dem Augenblick, in dem das Verbot installiert ist, kündigt sich bereits seine Übertretung an.

Die anale Wurzel des Geheimnisses verrät sich gerade in der Erotik. Da gibt es schmutzige Geheimnisse, die Liebende teilen, die aber, durch ein Foto dokumentiert oder auf Magnetband konserviert, erpreßbar machen. Die Tatsache, daß die ersten Formen von Lust, die das Kind als nur ihm selbst gehörig und gegen die Umwelt abgegrenzt erlebt, mit den erogenen Zonen der Ausscheidungsorgane zusammenhängen, verbindet sexuelle Erregung mit schambesetzten Körperteilen. Wo ein Mensch allein in der Lage ist, seinen Ekel zu überwinden, kann er sich oft nicht vorstellen, dasselbe mit einem anderen zu tun. Viele Frauen, die zwar durch Selbstbefriedigung einen Orgasmus erreichen können, jedoch nicht vermögen, einen solchen beim Verkehr zu empfinden, halten an einem unteilbaren Geheimnis fest. Ihre sexuellen Höhepunkte gehören nur ihnen allein, sie werden mit niemandem geteilt. Das Einzel-Geheimnis der Masturbation hat sich nicht zum Zweier-Geheimnis erweitern lassen; verschiedene Mischungen aus erlebter und zur Hemmung geronnener Angst hindern die Frau daran. Aber auch Männern gelingt es sehr oft nicht, die Geheimnisse ihrer privaten, nur ihnen allein zugänglichen erotischen Welt mit einer Partnerin zu teilen. Sie schließen sich in ihr ein, pflegen Phantasien in ihr und ringen in ihren Partnerbeziehungen darum, das sexuelle Interesse aufrechtzuerhalten, das ihnen im Lauf der Zeit abhanden kommt, weil es unter jenem chronischen Mangel an energetischer Versorgung leidet, der entsteht, wenn wir zu einem Thema keine Phantasie entwickeln dürfen.

Wir haben bereits erörtert, daß die heimliche Liebe oft ein Weg ist, solche Hemmungen zu überwinden. Ihr stellt sich die Aufgabe nicht, daß ein Partner des Alltagslebens durch eine Neu-Inszenierung in der eigenen Phantasiewelt zu einem sexuell attraktiven Partner verwandelt werden muß. Der erotische Reiz des «reinen» Liebesverhältnisses liegt darin, daß hier zwischen den körperlichen Begegnungen die erotischen Phantasien nicht abreißen, sondern sich ungestört weiterentwickeln. Während im Zusammenleben die Alltagsrealität die erotische Phantasie durchkreuzen, sie oft sogar stören kann, ist in der heimlichen Liebe eine libidinöse Kontinuität möglich, die dazu führt, daß beim Treffen nach Wochen oder Monaten blitzschnell eine sexuelle Intensität aufgebaut wird, die vertraute Eheleute erst durch ein ausgiebiges Vorspiel erreichen. Wenn im Alltag einer (oder beide) Partner die Bilder der analen Mutter wecken, die Kontrolle ausübt, Trotz bricht, Sauberkeit erzwingt, Leistung fordert, dann ist es um die erotischen Interessen bald geschehen.*

* Wer solche Paare in späteren Stadien ihrer Beziehung beobachtet, kann oft nicht mehr entscheiden, welche Seite mit der Entsexualisierung begonnen hat.
Der Mann beklagt sich darüber, daß seine Frau nie Lust hat, mit ihm zu schlafen; die Frau fühlt sich von ihrem Partner nicht anerkannt. Die anale Entgleisung liegt darin, daß ein (häufig nicht bewußter) Sadismus die Fähigkeiten zur Einfühlung blockiert. Der

Die heimliche Liebe hat eine Fähigkeit, Einschränkungen durch Scham und Schuld zu überwinden, die der offenen Liebe mangelt, weil sie ausgeprägter an die äußeren Mächte der Kindheit erinnert, an die Eltern, Lehrer, Katecheten, welche in der einen oder anderen Weise dem Kind die Lust am eigenen Körper verbieten oder verteufeln. Die antiautoritären, toleranten Grundsätze der letzten dreißig Jahre haben daran weniger geändert, als es ihr Status in der Öffentlichkeit andeutet. Das liegt daran, daß die Eltern, was Lust und Körper angeht, in unserer Kultur fremd bleiben und daß sie, auch wenn sie tolerant sein wollen, unendlich viele Regeln vertreten müssen, die einem Kind nicht einsichtig sind, weil unsere technisch beherrschte Welt an die Selbstbeherrschung so viel höhere Anforderungen stellt.

In denselben Elternzeitschriften, welche nichts dagegen einzuwenden haben, daß Kinder noch mit drei Jahren in die Windeln machen, regiert ein Menschenbild, das der Mode und der Kosmetik unterworfen ist. Es führt neue Kontrollen ein. Die harte Sauberkeitserziehung auf einem Bauernhof unserer Urgroßeltern verhält sich zu diesen Diktaten wie ein Spaziergang zu einem Marathonlauf.

Die Auseinandersetzung mit den Kontrollmechanismen in der heimlichen Liebe beginnt häufig nach dem ersten Zusammensein. Das Sprichwort «Einmal ist keinmal» belegt, wie sehr sich in unserem Erleben ein spontaner

---

Mann «meint es nur gut», wenn er seine Frau darauf hinweist, daß sie den Kühlschrank nicht geputzt hat und Äpfel kauft, obwohl doch noch welche aus dem eigenen Garten im Keller liegen. Die Frau «denkt sich nichts dabei», wenn sie abends zu müde ist oder Kopfweh hat.

Neuanfang und eine nun notgedrungen geplante Fortsetzung unterscheiden. Der Neubeginn – die Urlaubsliebe, der Kurschatten, die Reisebekanntschaft – kann sich selbst aus Raum und Zeit herauslösen. Er ist durch Rausch geschaffen, nicht durch Plan. Vorsichtshalber fragen sich die Verliebten gar nicht, wie es denn mit der Wirklichkeit, mit der Fortsetzung aussieht. Das kann ein gemeinsamer Entschluß sein; in diesem Fall ist das Ergebnis die Trennung. Es kann eine einseitige Entscheidung sein; in diesem Fall ergeben sich Konflikte für den Beteiligten, der eine Fortsetzung der Beziehung wünscht. Soll er sie anmelden, soll er – falls Adressen getauscht wurden – anrufen oder schreiben, mit dem Risiko, daß ein eifersüchtiger Partner aufmerksam gemacht wird? Soll er Druck ausüben und gerade mit dieser Aufdeckung drohen; soll er – wenn er schon auf die Möglichkeiten verzichten soll, die Liebschaft fortzuführen – wenigstens Rache üben?

Die Klugheit rät, genau hinzuhören, ob in dem oder der neuen Geliebten solche Rachsüchte stecken. Menschen, die eine neue Liebe dadurch aufpolieren, daß sie alle früheren entwerten, die berichten, wie sie es enttäuschenden Liebhabern heimgezahlt haben, sind verdächtig. Gefährlich sind auch Alleinlebende, die zuversichtlich abstreiten, irgendwelche weitergehenden Ansprüche zu haben. Wo eine solche Asymmetrie nicht offen besprochen werden kann, entfaltet sie gerade ihre Macht. Wer seinerseits in einer festen Bindung lebt, keine Trennungsabsichten hat und gut von seinem Partner oder der Partnerin spricht, ist der stabilste Bundesgenosse in einer heimlichen Liebe.

In diesem Fall können die Beteiligten davon ausgehen, daß sie die Sehnsüchte nach Verschmelzung und die Ängste überwunden haben, einer allwissenden Kontrolle ausgeliefert zu sein, die ihnen mit magischer Gewißheit «alles ansieht». Sie wissen, daß Geheimnisse dann geheim bleiben, wenn sie geschützt werden, und daß der beste Schutz in einer Liebesbeziehung die Liebe selbst ist. Mißtrauen, Angst, verlassen zu werden, Unzufriedenheit mit erotischem Rückzug führen erst zu den kontrollierenden Fragen des (oder der) Eifersüchigen, die dann mit großem Aufwand an Ausreden und Lügen abgewehrt werden müssen. Wer sein Geheimnis wirksam schützt, entzieht dem Verdacht die Grundlage. Er (oder sie) pflegt seine (oder ihre) Glaubwürdigkeit, denn je höher sie geschätzt wird, desto weniger muß er (oder sie) lügen. Aber er (oder sie) ist auch entschlossen zu lügen, wenn es sein (oder ihr) Plan, wie er (oder sie) die Beziehung gestalten will, erfordert. Was in einer idealisierenden Beziehung unmöglich erscheint, die Koexistenz von Wahrheit und Lüge, ist in einer realistischen Liebesbeziehung Alltag.

Wenn solche Beziehungsformen gelingen sollen, setzen sie voraus, daß Planung und Disziplin als hilfreiche Diener und nicht als böse Störer einer erotischen Beziehung erlebt werden können. Das heißt auch, daß die Prägungen der Sauberkeitserziehung entmachtet sind; daß die idealisierende Liebe nicht aus dem Himmel in die Hölle stürzt, sondern in ein Polster aus Humor und Kreativität. Wenn Zeus die Eidbrecher unter den Liebenden nicht bestraft, dann heißt das auch, daß ihre Eide nicht Ernst sind, sondern Spiel. Das Spiel ist größer als der Ernst; es öffnet Räume an seinen Grenzen. Es kann ebenso zum Ernst werden, wie es ihm manchmal gelingt, die harten Kanten des Ernstes zu brechen und seinen radikalen Aufprall zu dämpfen.

Eine lebensfähige Liebe mischt sich aus Spiel und Ernst. Die heimliche Liebe steht zwischen Liebesspiel und Liebesernst; sie sucht einen Kompromiß, der zugleich spielerisch und ernsthaft ist. Ein Spiel kann man gut oder schlecht spielen, und wer verliert, muß nicht schlecht gespielt haben; er hatte vielleicht nur schlechte Karten. Diese Mischung aus unbezwinglicher und bezwinglicher Realität schafft den Spielraum, und unseren Spielraum zu vergrößern ist eine wesentliche Funktion der Heimlichkeit.

Wer heimlich lieben will, sollte es wenigstens nicht vor sich selbst verheimlichen, sondern die Regeln dieses Spiels akzeptieren:

1. Möglichst wenige, aber gut informierte Mitwisser. Es ist beispielsweise ein häufiger Fehler, die beste Freundin oder die Bergkameraden als Alibi zu benutzen, ohne diese davon zu unterrichten, so daß ein nicht einmal kontrollierend gemeinter Anruf den ganzen Betrug enthüllt.

2. Vertrauensbildende Maßnahmen. In einem der Grimmschen Märchen wird beschrieben, wie die Bäuerin ihrem heimlichen Liebhaber (dem Pfarrer) Braten und Wein zusteckt, während sie ihrem Mann gegenüber behauptet, es sei nichts von diesen Leckereien im Haus; er solle Kartoffeln essen und Wasser trinken. Ein solches Spiel ist gegen die Regel der Liebe und dient allenfalls einer Absicht, sich an dem legalen Partner zu rächen. (Diese Absicht wird dem heimlich Liebenden nicht nur von eifersüchtigen Partnern, sondern auch von Beratern und Therapeuten unterstellt, trifft aber keineswegs immer zu.) Wenn die heimliche Liebe nur den Überschuß abschöpft und der legale Partner gut versorgt wird, schwindet sein Interesse, den Verbleib von Gütern zu kontrollieren, die er gar nicht braucht. So ist die Heimlichkeit geschützt. Wird er schlecht versorgt, wächst sein Mißtrauen. Heimliche Liebe produziert mehr Liebe, während heimliche

Rache der einen Beziehung raubt, was sie der anderen gibt. Daher wird heimliche Rache auch seltener einen stabilen Zustand herstellen als heimliche Liebe.

3. Moralfreie, ökonomische Betrachtung der Lüge. Lügen sollten in Liebesbeziehungen so verwendet werden wie Penizillin bei einer Lungenentzündung. Sie müssen ausreichend dosiert werden, um wirklich die Zweifel des Partners zu besiegen. Wer Penizillin zu niedrig dosiert, riskiert, daß er die Entzündung nicht besiegt, wohl aber resistente Erreger züchtet. Wer nicht gründlich und überlegt genug lügt, riskiert, daß seine Glaubwürdigkeit verlorengeht, ohne daß er sich die Heimlichkeit erhalten kann. Die Lüge dient dem Schutz der Intimsphäre und der Intimität. Sie ist schlechter mit Liebe zu vereinbaren als Wahrheit, aber besser als Kontrolle. Wer in einer Liebesbeziehung Kontrollfragen stellt, beteiligt sich mit fünfzig Prozent an einer soeben gegründeten Übergriff-Ausflucht-GmbH. Wer Liebesangelegenheiten einer solchen Firma anvertraut, muß sich über Pleiten nicht wundern. Besonders destruktiv sind tyrannische Kontrollgesetze wie: «Weil du mich einmal angelogen hast, kann ich dir nun nicht mehr glauben!» Wer so argumentiert, stellt die Kontrolle über die Liebe. Er entspricht den Eltern, die es am schlimmsten finden, wenn ein Kind lügt. Es darf stehlen, prügeln, faulenzen. Sie würden ihm alles verzeihen (was meist frech gelogen ist), wenn es nur die Wahrheit sagen, das heißt, sich ihrer Kontrolle ausliefern würde. Ähnlich argumentieren Eifersüchtige. Wie feindliche Raumschiffe in Star Trek bewegen sie ihr Opfer mit falschen Versprechungen, die Schutzschirme auszuschalten, um dann über eine wehrlose Beute herzufallen. Sie werden alles verstehen und verzeihen, wenn sie erst über das umfassend unterrichtet sind, was

sie überhaupt nichts angeht. Wer naiv ist, verzichtet jetzt auf den Lügenschirm und sagt die ganze Wahrheit. Böse überrascht, findet er dann keinen zum Freund gestimmten Angreifer, sondern einen Feind, der mit doppelter Wut über ihn herfällt und sich nicht mehr daran erinnern will, daß er eben selbst gelogen hat.

4. Verantwortung für den eigenen Spielraum und für alle Mitspieler. Wer sich auf eine heimliche Liebe einläßt, signalisiert, daß er und nur er, sie und nur sie die Verantwortung für das eigene Leben tragen will. Es gibt keine äußere Macht, die über der eigenen Verantwortung steht. Daher sollten auch alle Versuche unterbleiben, solche Verantwortung abzutreten. Ungeeignet für eine heimliche Liebe ist beispielsweise ein Arzt, der sich in eine junge Patientin verliebt hat und jetzt seine Ehefrau mit allen Überredungskünsten zu bewegen sucht, mit einer Anstellung der Geliebten als Sprechstundenhilfe einverstanden zu sein.

Manchmal beschreiben heimlich Liebende, daß sie irgendwann die Heimlichkeit nicht mehr ertragen konnten und sich verrieten. Das spricht dafür, daß sie für eine heimliche Liebe nicht verantwortungsbewußt genug sind und die notwendige Abgrenzung nicht leisten können. Als Elternersatz imaginierte Partner nehmen auch dann, wenn sie die heimliche Liebe entwerten und verfolgen, Verantwortung ab und entlasten von Schuldgefühlen. Der Selbstverrat drückt oft ein Schwanken zwischen heimlicher Liebe und heimlicher Rache aus. Wenn ein enttäuschter Liebender Rache schwört, indem er angesichts eines Partners, von dem er sich mißachtet fühlt, die nächste heimliche Liebschaft imaginiert, dann legt er bereits den Keim zum Selbstverrat. Durch die Aufdeckung wird Rache vertieft, Liebe aber enttäuscht.

Im strikten Patriarchat mußte die Ehebrecherin mit der Todesstrafe rechnen, während der Hausherr mit jeder Magd schlafen durfte. Seit der bürgerlichen Revolution ist diese Ungleichheit im geschriebenen Gesetz abgebaut worden; in den Argumentationsketten von Paaren, die sich mit der Liebe zu Dritten herumschlagen, spielt sie aber noch eine wesentliche Rolle. Untreue Männer, die erleben müssen, daß ihnen ihre Frauen mit gleicher Münze zurückzahlen, sagen immer noch (und versuchen, durch Energie in der Stimme den Mangel an inhaltlichen Argumenten zu verdecken), das sei schließlich bei einer Frau etwas «ganz anderes» als bei einem Mann.

Bei einem Seitensprung ertappte Männer sind oft überzeugt, daß ihre Frauen das Ereignis «viel zu ernst» nehmen. Von Frauen kommt diese Aussage seltener. Männer verwenden ferner gerne «unwiderstehliche» Impulse als Entschuldigung, die durch den Druck von Drüsensekreten ähnlich anderen Ausscheidungsvorgängen entstehen sollen. Ihre Gelegenheitsgeliebten seien das Ziel einer rein sexuellen Befriedigung. Ihre Schürzenjagd habe mit Liebe nichts zu tun. Diese gilt der festen Partnerin: der Heiligen, der verehrten Mutter, nicht der Hure, der Begehrten. Das kann sich bis zur zynischen Ablehnung der Frau steigern, die sich hingegeben habe und daher, nunmehr unanständig, als Ehefrau ohnehin nicht in Frage komme.

Solchen Einreden bläst der Zeitgeist ins Gesicht. Wer

sie nicht ironisch brechen kann, wird nur noch wenige kluge Frauen finden, die sich nicht achselzuckend abwenden. Allerdings scheint es ebenso voreilig, nun davon auszugehen, daß Männer und Frauen, wenn sie frei und gleichberechtigt zusammenleben, auch die gleichen Grundformen ihrer emotionalen Einstellungen entwickeln. Wir werden darauf noch zurückkommen; hier geht es darum, die Verbindung zwischen der heimlichen Liebe und einem intensiven Freiheitsgefühl aufzuklären, über das viele Menschen berichten, die Erfahrungen in diesem Lebensbereich gesammelt haben.

Zu den subjektiv angenehmsten Folgen der Idealisierung eines Sexualpartners – umgangssprachlich: der Verliebtheit – gehört das Empfinden, daß Bindung und Freiheit eins werden. Gefesselt zu sein befreit; beherrscht zu werden verleiht Machtgefühl; abhängig zu sein eröffnet neue Räume. Eifersucht ist immer auch eine Reaktion auf den Verlust der Sicherheit in dieser wechselseitigen, exklusiven Idealisierung. Zu den charakteristischen Situationen, unter denen Verliebtheiten zusammenbrechen, gehört die Auseinandersetzung mit geteilten Loyalitäten: Die Geliebte ist wunderbar, aber ihre Eltern, Geschwister, Freunde sind unmögliche Personen; der Partner ist ein liebevoller Mann, aber jedes Jahr kommt für die Weihnachtsfeiertage zwei Wochen seine Mutter ins Haus, eine von der Art, die ihre eigenen, selbstgewetzten Küchenmesser mitbringt, weil die Werkzeuge der Schwiegertochter nichts taugen.

Die heimliche Liebe stellt diesen Freiheitszustand wieder her, ohne den Bruch zu riskieren, den Trennung und erneute Verliebtheit mit sich bringen. So gesehen gleicht der heimlich Liebende dem Eifersüchtigen insofern, als er weder ganz stark noch ganz schwach ist, weder Engel noch Wurm. Er verweigert sich dem Größenwahn, der in einer Verliebtheit dann liegt, wenn sie alles aufhebt, was frühere Bindungen an Verantwortung und Realität hergestellt haben. Aber er will nicht ganz und gar auf das Flirren, den Kitzel, die Gier auf neue Lust, neue Erfahrungen verzichten, die jeder findet, der sich in die Zone eigener und fremder Verführbarkeit begibt.

Der heimliche Liebhaber, die heimliche Geliebte stehen oft dafür, daß in einer früheren Verliebtheit zuviel Terrain preisgegeben wurde. Wo einst Freiheit war, übt nun der Partner des damals begeisterten Opfers eine Macht aus, der sich zu entziehen schwerfällt. Man ist nicht mehr berauscht und entzückt, mag nicht mehr alles dem Wunsch nach der größten Gemeinsamkeit opfern. Als Furcht ist geblieben, was einmal Hoffnung war: Der Verliebtheitspartner von einst hat zwar nicht mehr den Schlüssel zum vollkommenen Glück, aber es wird ihm noch zugetraut, ins Unglück zu stürzen. Er hat Halt gegeben, Verantwortung übernommen. Er könnte, er wird gewiß diese ihm überlassene Macht, welche die Treue treu beschützt, gegen die Untreue grausam mißbrauchen.

In vielen Fällen ist die heimliche Liebe aber auch die konzertante Oberstimme zu dem Basso continuo der verpflichtenden, auf Haushalt und Kindererziehung gerichteten Liebe. Sie begleitet Verlobung, Heirat, Ehe, Scheidung und neue Vermählung; immer bleibt sie heimlich, weil einer der Partner das so will und der andere es respektiert. Wie Wochenendhäuser auch nach einigen Umzügen des Haupthaushalts noch aufgesucht werden, so kann eine heimliche Liebesbeziehung mehrere Ehen überdauern. Die heimliche Liebe ist in jeder Richtung, auch in der Dimension der Zeit, extremer – sie erschöpft sich in einer Nacht, sie überdauert einige feste Beziehungen. Nur in einem Punkt bleibt sie zurückgenommen: Sie stirbt nicht in einem zermürbenden Scheidungskrieg, sondern still, wie ein Tier, das sich in einen Winkel verkriecht.

Der heimlich Liebende neigt dazu, in einem inneren Monolog oder – ertappt – auch im Gespräch gegenüber dem öffentlichen Partner zu betonen, daß er ihm «nichts wegnimmt». In Boccaccios Geschichte sagt es Filippa drastisch: «Herr Richter, was sollte ich, da ich ihm stets so viel gewährte, als er brauchte und verlangte, mit dem Überrest machen?» Solche Argumente beschwichtigen Selbstzweifel, denn die Begegnung mit dem Rivalen oder der Rivalin in der Liebessphäre, die doch Schutz und Sicherheit bieten soll, weckt fast immer Ängste, führt zu Unsicherheit.

Der heimlich Liebende ahnt meist, hat häufig auch schon erlebt, wie wenig ihm geglaubt wird, daß er nicht aus Unzufriedenheit, aus verborgener Ablehnung des Partners seine Freiräume erschließt, sondern aus Neugier, aus Wunsch zur Selbstbestätigung. Viel eher glaubt der oder die Eifersüchtige an Rache, Strafe, Unwerterklärung, an eine geheime Machination, hinter der die Absicht steckt, einen neuen Partner zu finden und den bisherigen wegzuwerfen. Nur in Illustriertenkolumnen und trivialen Romanen ist das Leben noch so einfach, daß ganz klar ist: *entweder* der Seitensprung belebt und fördert die Ehe, *oder* er tötet die Liebe und vernichtet das Vertrauen.

Welches Urteil in dem einzigen Gerichtshof, der wahrhaft zählt – dem intimen Dialog des betroffenen Paares –, am Ende überwiegt, hängt nicht zuletzt davon ab, wie fähig beide Teile waren, aus der Idealisierung und Illusion der Verliebtheit eine alltagstaugliche Liebesbeziehung zu basteln. Ich sage «basteln», nicht «aufbauen», denn dieser Prozeß ist Bastelei, wir alle sind in ihm Amateure, aufs Probieren angewiesen, mit ermutigenden Ergebnissen und erschreckenden Zusammenbrüchen, es gibt keinen genauen Plan, kein verbindliches Konzept. Denn Liebesbaupläne, moralische Normen gehören in die gnadenlose Welt der Ideale; die Liebesbeziehung hingegen soll uns vor dieser Gnadenlosigkeit schützen, sie mildern, nicht aber teilen und ihre Urteile vollstrecken.

Das wenige, was ein Therapeut in dieser Situation nutzen kann, ist die Ambivalenzdebatte. Die heimliche Liebe ist dann weder ganz gut noch ganz böse, sondern eine gemischte Erfahrung für das Paar – aufgedeckt wie nicht aufgedeckt.

Nicht aufgedeckt, bietet sie dem einen Partner seinen ersehnten Freiraum, eine Möglichkeit, Neues zu erleben oder alte Erlebnisse aufzufrischen, die (gemessen an der Realität des Paares) nur ihm gehören. Er kehrt erfrischt, entspannt, bereichert an den gemeinsamen Tisch und in das gemeinsame Bett zurück, um so ausgeprägter, je weniger ihn Schuldgefühle plagen und je mehr er von Herzen überzeugt ist, daß das, was er tut, zwar von ihm verantwortet werden muß, aber allein in seiner Verantwortung liegt. Andererseits geht dem «öffentlichen» Partner Zeit verloren, wird ihm Libido entzogen, wird ihm vielleicht eine erotische Steigerung vorenthalten, die in der heimlichen Liebe besser gelingt, weil in ihr kein Alltag beschwert.

Die Fluchtmöglichkeit kann dazu führen, daß der heimlich Liebende mit mehr Stabilität und Ausdauer seine feste Beziehung führt, als es ihm sonst möglich wäre; sie kann aber auch dieser Beziehung so viel Energie entziehen, daß zuwenig davon übrigbleibt. Gerade die Unsicherheit, ob die nützlichen oder schädlichen Aspekte für die öffentliche Beziehung überwiegen, ist in der heimlichen Liebe groß. Es scheint mir auch wichtig, sie zuzulassen und keine voreiligen Parteinahmen zu vollziehen.

Umgekehrt läßt sich auch eine Ambivalenzdiskussion über den Verzicht auf die heimliche Liebe führen. Dann bleiben zwei Möglichkeiten: die sogenannte «offene Ehe», in der Seitenbeziehungen so lange erlaubt sind, wie sie vom Partner zugestanden werden, was voraussetzt, daß er von ihnen erfährt, oder die absolute Treue.

Die offene Ehe ist ein Versuch, die Verliebtheitsillusionen um jeden Preis alltagstauglich zu machen. Es wäre doch gelacht, wenn wir, das ideale Paar, nicht souverän mit allen Anfechtungen umgehen, uns alle Freiheiten erlauben und doch die intensivste aller denkbaren Beziehungen leben könnten, miteinander und mit allen Dritten, die uns das Wasser reichen können! So bietet die offene Ehe heftige Entwicklungsanreize, viele Auseinandersetzungen, enthält aber die Gefahr, daß sich die Beteiligten massiv überfordern und ihre Überforderung erst eingestehen, wenn sie seelisch erschöpft, psychosomatisch krank oder heillos zerstritten sind. Die Wahrhaftigkeitsideale geraten häufig in heftigen Widerspruch zu den Liebesidealen; die offene Ehe hat aber nur wenige Möglichkeiten, diesen Widerspruch zu lösen. Liebe gebietet Rücksichtnahme, Zartheit, Verständnis für das Illusionsbedürfnis des Partners. Aber die Wahrheit kann nur mitgeteilt werden, wenn diese Bedürfnisse verleugnet und unterdrückt werden.

So entsteht die paradoxe Situation, daß der Ehetherapeut ebenso Partner heimlich Liebender kennt, die erbittert sagen, das schlimmste sei es gewesen, die Wahrheit nicht erfahren zu haben, wie Partner aus offenen Ehen, die bedrückt mitteilen, sie könnten es einfach nicht mehr aushalten, mit Wahrheiten überfüttert und von jedem Seitensprung in Kenntnis gesetzt zu werden. Wenn diese Dinge schon sein müßten, dann solle sie doch jeder mit sich abmachen und nicht den Partner / die Partnerin mit hineinziehen.

Viele Paare entwickeln Mischformen aus der heimlichen Liebe und der offenen Ehe, etwa in der Gestalt, daß «unwichtige» Seitensprünge – ein *one-night-stand* im Karneval oder auf einem Betriebsausflug – geheim bleiben sollen oder dürfen, während «wichtige» – länger dauernde – Liebschaften mitgeteilt werden müssen. Daraus entspinnen sich Debatten über «wichtig» und «unwichtig», die sich von den Moralpauken nur wenig unterscheiden, mit denen die Anhänger der heimlichen Liebe immer zu rechnen haben.

Die absolute Treue bietet ein Höchstmaß an Sicherheit. Sie ist ein hoher menschlicher Wert, kommt aber im Alltag nicht immer durch moralische Selbstdisziplin oder uneingeschränkte Hingabe an das Du zustande. Sie kann geradesogut aus geringen Triebspannungen, chronischer Depression oder Trägheit gespeist sein. Die Gefahren der Treue liegen in einer Erstarrung der Lebendigkeit und der Entwicklungsmöglichkeiten, wenn die Partner an sich andere Anregungen bräuchten, als sie einander geben können, dennoch aber versuchen, durch Pflichtgefühl zu ersetzen, was ihnen an Zuneigung mangelt.

Treue bringt auch das Risiko mit sich, daß Verliebtheit in Dritte überhaupt nicht zugelassen, ein Stück weit gelebt, geprüft, vielleicht auch überwunden werden kann.

Wenn sie ganz tabuisiert ist, wird sie auch ganz gefährlich, kann rasch alles auflösen, was bisher gewachsen ist. Mit der absoluten Verläßlichkeit, die sie einander bieten, gehen diesen Paaren auch Entwicklungsanregungen verloren.

Ein Versuch, Vorteile und Nachteile von heimlicher Liebe, offener Ehe und absoluter Treue zu diskutieren, ist angesichts der praktischen Probleme reichlich naiv. Er geht davon aus, daß Individuen sozusagen eine zusammenhängende und in sich gefestigte Einstellung zu diesen Fragen haben. Aber menschliches Sexualverhalten ist immer ein Mosaik aus verschiedensten Impulsen und Hemmungen. Wer sich absolut treu wähnt, trifft vielleicht morgen den Mann oder die Frau, in deren Wahlverwandtschaft er seine bisherige Sprödigkeit aufgibt. Goethe hat die Dynamik der Liebesbeziehungen genau erkannt, als er Menschen mit chemischen Elementen verglich, die doch auch unter vielen Umweltbedingungen stabil bleiben, sich plötzlich aber, wenn ein bestimmtes Element oder ein Katalysator hinzutritt, überraschend verwandeln und neue Bindungen eingehen.

Eine andere, ebenso schwer systematisch zu fassende wie in der Praxis wesentliche Kraft liegt in den Polarisierungen und Delegationen innerhalb der Paarbeziehung. Die schicksalsträchtigen Wahlen der Verliebtheit verlaufen nicht selten so, daß sich Gleichheiten zunächst anziehen und dann Gegensätze entwickeln. Oder es wird von Anfang an das gesucht, was man selbst nicht ist, wie es die Anekdote vom jüdischen Brautmakler ausdrückt, den ein erfolgreicher Geschäftsmann konsultiert:

Der Vermittler, eifrig: «Also, wie soll sie sein, die Braut? Soll sie schön sein?» Herr Neureich, knurrend: «Schön bin ich selber!»

Der Makler, kaum leiser: «Also soll sie reich sein? Reich kann ich beschaffen!» Neureich, noch knurriger: «Reich bin ich wahrhaftig selber!» Der Makler, etwas leiser: «Also soll sie jung sein?» Der Neureiche: «Jung bin ich auch genug!» Der Vermittler, nun ganz kleinlaut: «Wenn sie nicht soll reich sein und nicht soll schön sein und nicht soll jung sein, was soll sie denn dann sein?» «*Ehrlich* soll sie sein!»

Denn ehrlich ist Herr Neureich offensichtlich nicht selber, und da er in seiner Ehe hofft, Mängel seiner Persönlichkeit auszugleichen, soll seine Braut mitbringen, was ihm fehlt, nicht, was er bereits besitzt. Die Geschichte drückt eine Selbstkritik des Herrn Neureich aus, die man solchen Menschen kaum zutrauen möchte, und zugleich eine Bescheidenheit, die in der Suche nach dem Liebespartner selten ist: Wenn's schon ums Wünschen geht, soll die Braut doch jung, reich, schön *und* ehrlich sein.

Die verborgene Suche nach dem Ergänzenden steckt in der Dynamik der Verliebtheit: Dem idealisierten Geliebten, der angebeteten Geliebten werden die ersehnten Qualitäten ohne genauere Prüfung zugeschrieben. Genau zu erkennen meint man, was hinzugewonnen wurde, weil man selbst es nicht besitzt. Bezogen auf unser Thema: Eine der Treue stark verpflichtete Frau, die sich immer alles von einem wünscht, ist gerade von dem Mann gefesselt, der an vielen Blüten nascht. Ob es sie reizt, einen Schmetterling in eine Biene zu verwandeln, oder ob sie nur das Ergänzende sucht; die Faszination zwischen dem treueorientierten und dem abenteuerlustigen Teil läßt sich in vielen Ehen beobachten. Die Kombination gelingt so lange gut, wie die Beteiligten einander respektieren und in ihren Unterschieden liebevoll miteinander umgehen.

Es kann ja durchaus sein, daß der flatterhafte Teil es nicht ertragen könnte, mit einem ebenso flatterhaften verbunden zu sein, und umgekehrt der seßhafte seinesgleichen langweilig findet.

Ein Motiv zur heimlichen Liebe, das nicht unterschätzt werden darf, ist die Delegation der Eifersucht an den Partner. Die heimlich Liebende spaltet sich in eine scheintreue Partnerin, die sich auch Treue wünscht, und eine freiheitsdurstige Untergrundjägerin, die sich heimlich zugesteht, was sie von ihrem öffentlichen Partner unerträglich fände. Wenn es schon sein muß, dann soll der Partner dieselben Verheimlichungsanstrengungen unternehmen, aber besser ist doch, er verzichtet ganz darauf.

Es steht also keineswegs fest, daß der heimlich Liebende, wenn er von einer ebenfalls heimlichen Liebe des Partners erfährt, nun das Gesetz des Talon («Auge um Auge, Zahn um Zahn») auch in der Erotik gelten läßt. Der eigene Seitensprung erscheint harmlos, der des Partners kränkend; die eigene Eifersucht quält, die der Partnerin ist lästig. Wenn es eines Beweises für die kindlichen Strömungen in unseren Liebesbeziehungen bedürfte, die Asymmetrie, mit der das Ich sich eine Freiheit wünscht, die es dem Du nicht erlauben kann, wäre Beweis genug. Will nicht auch das Kind (und muß es wollen) Fürsorge, Mühe, Rücksicht, ohne gleichwertige Gegenleistungen bieten zu können? Ist nicht Emotionalität, das scheinbar Unzweckmäßige in uns, gerade deshalb im Prozeß der Evolution entstanden und in den kulturellen Entwicklungen erhalten geblieben, weil sie allein uns bewegen kann, uns auf die irrationalen Faszinationen der Liebe, des Zeugens und Gebärens einzulassen?

«Wer viel liebt, verzeiht viel!» Silvia liebt ihren einige

Jahre jüngeren Mann Otto immer noch, obwohl sie in der ersten Sitzung so von ihm spricht, als sei das Gegenteil wahr. Die bisher von der Idealisierung ihres ständigen Verzeihens zurückgehaltenen Gefühle drängen in der therapeutischen Situation nach außen. Sie hat sich damit abgefunden, daß ihr Mann hinter jeder Angestellten in der gemeinsamen Firma (einem mittelständischen Betrieb) her ist und auch mit den meisten Lehrlingen schon geschlafen hat. Manchmal, wenn sich Kundinnen bei ihr beschweren, daß er nach ihnen grapscht, stellt sie ihn zur Rede; er sagt dann etwa: «Diese zickigen Weiber sollen sich nicht so anstellen.» Oft erzählt er ihr von seinen Amouren. Manchmal kann sie ihm glauben, wenn er ihr beteuert, sie stehe weit über all diesen «Pipimädchen». Bisweilen kann sie die Situation kaum mehr ertragen. Aber sie hat bisher immer Haltung bewahrt, geschwiegen, vernünftig argumentiert. Sie stürzt sich dann in Arbeit, ißt zuviel. Silvia und Otto haben auch wirtschaftliche Sorgen. Die Firma geht gut, aber sie verbrauchen zuviel Geld, halten Reitpferde, ihr Mann ist sehr großzügig. Der Betrieb ist hoch verschuldet, eine Scheidung wäre der Ruin. Und an Scheidung denkt Silvia, seit Otto will, daß sie beide Iris, seine gegenwärtige Geliebte, im Betrieb anstellen, weil sie sonst nirgends einen Job findet.

Iris ist arbeitslos und legt sich an allen Arbeitsplätzen mit Vorgesetzten an, die so spießig sind, daß sie auf pünktlichem Erscheinen am Arbeitsplatz bestehen. «Ich verstehe, was er bei Iris sucht», sagt Silvia. «Ich bin groß, ernsthaft, und ich rede wenig. Sie ist klein, schlank wie eine Barbie-Puppe und plappert den ganzen Tag. Ich habe auch gar nichts gegen sie. Aber ich will nicht, daß sie länger bei uns wohnt. Ich will nicht hinter Iris herräumen müssen. Sie

71

läßt alles fallen und spült nie die Tassen ab, die sie benutzt hat. Wenn ich ihr das sage, beschimpft mich mein Mann, ich sei eine verbitterte Gouvernante. Ich mache mir Sorgen um ihn. Iris hat sich schon einmal von ihm getrennt. Da war er ganz depressiv. Ich war fast froh, als er sie zurückerobert hat. Sie hatte Streit mit ihrem neuen Freund. Mein Mann hat ihr immer geschrieben: ‹Du kannst jederzeit zurückkommen.› Ich fürchte, er bringt sich um, wenn ich sie aus unserem Haus hinauswerfe.»

Die verfahrene Situation dieses Paares drückt die Risiken der offenen Ehe aus. Silvia ist weitgehend in die Rolle einer Mutter geraten, der Mann verhält sich wie ein verwöhntes Kind, das lieber sein Zimmer in Brand steckt, als ein gestohlenes Spielzeug wieder herzugeben. In Ottos Verhalten sind sadistische Züge zu beobachten. Manche seiner Geliebten – auch Iris, wie Silvia von ihm erfahren hatte – waren dazu bereit, sich von ihm in sadomasochistische Fesselungsspiele verwickeln zu lassen. Silvia konnte nichts an solchen Praktiken finden, ebensowenig an seinen Wünschen nach Sexualität unter abenteuerlichen Umständen – im Wald, in der Tiefgarage. «Er sagt, Männer bräuchten das. Das sei bei ihnen anders als bei Frauen. Es sei ein Druck auf den Drüsen. Er müsse dann einfach etwas tun. Er will mich entlasten, weil ich dem nicht soviel abgewinnen kann wie er. Bisher hat er immer gesagt, er liebe nur mich. Bei den anderen sei es mehr der Trieb. Jetzt ist das etwas anderes. Jetzt sagt er, sie sei wie seine Tochter. Sie nehme mir nichts weg. Ich weiß nicht, was er noch alles vorhat.»

Menschliche Verhaltensweisen lassen sich in einem Kontinuum zwischen kindlich und (ideal-)erwachsen einordnen. Wenn Erwachsene kindlich reagieren, spricht man von Regressionen. Otto verhält sich in seinen Liebesbeziehungen regressiv. Er lehnt jede Verantwortung für seine Triebwünsche ab und verwendet seine Intelligenz dazu, seine kindlich-phallischen Wünsche nach Bestätigung seiner Männlichkeit zu rationalisieren, das heißt, Rechtfertigungen für sie zu ersinnen, die sich als vernünftige Gründe tarnen. Silvia hingegen verhält sich übermäßig, geradezu erdrückend erwachsen und diszipliniert. Sie ist zur verwöhnenden Mutter geworden. Ihr Motto «Wer viel liebt, verzeiht viel» drückt das ebenso aus wie der Versuch, ihrem Mann auch noch dorthin mit ihrem Verständnis zu folgen, wo andere Frauen ihn längst als Wüstling beschimpft und verlassen hätten.

Die beiden sind nur im Bereich der Erotik in dieser Weise polarisiert. In der Oralität sieht die Situation völlig anders aus, fast umgekehrt: Während Silvia immer wieder zunimmt und dann fastet, kann Otto diszipliniert sein Gewicht halten.

Wenn Silvia erst dann die eigene Toleranz in Frage stellt, wenn sie die Geliebte ihres Ehemanns in den eigenen Haushalt aufnehmen, Iris' Wäsche waschen und Iris' Hund ausführen soll, scheint ihre Selbstdisziplin gewissermaßen eine Entwicklungsbedingung von Ottos Regression. Sie hat ihn verwöhnt; er hat immer mehr verlangt. Aus dem Vertrag einer Partnerschaft ist die Ausbeutung einer Sklavin geworden, die mit Vorwürfen und Liebeseinreden bei der Stange gehalten wird.

Die offene Ehe stellt bei weitem die höchsten Anforderungen an Selbstbewußtsein und Verhandlungsgeschick. Die Partner müssen fähig sein, auch in höchst affektiven Situationen verhandlungsfähig zu bleiben, sich von allen Wünschen, die sie zulassen, auch wieder zu distanzieren, wenn der Partner sie nicht mehr erträgt. Sie müssen lernen, mit Paradoxien umzugehen, die etwa darin liegen, daß Liebe in der offenen Ehe einerseits den Partnern die Freiheit gibt, sich in Dritte zu verlieben, andererseits aber ebenso die Freiheit gibt, die eigenen Ängste, Wut- und Eifersuchtsgefühle «einzubringen», welche nun wiederum den Partner unter Druck setzen können.

In der offenen Ehe steckt oft ein Wunschtraum, der etwa so lautet: Ich bin mit meinen Liebschaften nicht allein, sondern habe auch in ihnen eine verständnisvolle Mutter-Geliebte, die mir alles verzeiht. Sie tröstet mich im Liebeskummer angesichts meiner treulosen Geliebten und hilft mir, diese bei der Stange zu halten. Frauen sind für einen Mann wie mich ebenso begehrenswert wie rätselhaft; ich brauche den Schutz einer großen, starken, gütigen Mutter, um mit ihnen fertig zu werden. Doch muß sich diese Mutter jederzeit mir unterwerfen, muß meine Sklavin sein, sonst hat sie zuviel Macht über mich.

Die heimliche Liebe bietet einen Kompromiß zwischen regressiven Wünschen und erwachsener Disziplinierung, zwischen Raum für Unvernunft und Platz für Einfühlung, Rücksicht, Selbstbeschränkung, für die Distanz zu eigenen sadistischen und masochistischen Impulsen. In ihr wird die Sehnsucht nach Aufgabe sämtlicher eigenen Freiräume (die masochistische Liebesunterwerfung) ebenso in Frage gestellt wie die Illusion, es sei möglich, alle erotischen Impulse ohne vernünftige Begrenzung frei auszuleben (die sadistische Liebesbemächtigung).

Erotik ist eine Kunst. Obwohl der Antrieb zur Kunst irrational ist und das Kunstwerk nicht in seiner vernünftigen Analyse aufgelöst werden kann, ist doch zu seinem Zustandekommen der Einsatz *aller* menschlichen Fähigkeiten nötig.

5 Lob der Orgie

In den alten Mittelmeerkulturen, bei den Kelten, im heidnischen Irland – überall gab es einen allgemeinen Brauch, nach dem zu bestimmten Nächten, oft auch ganze Wochen lang, alle sexuellen Ordnungen außer Kraft gesetzt waren. In der magisch-frommen Absicht, die Kraft der Natur zu erneuern, durften, ja sollten jede Frau und jeder Mann für begrenzte Zeit mit jedem Mann und jeder Frau schlafen. Wer sich entzog oder verweigerte, wurde als Spielverderber oder als Verächter heiliger Regeln getadelt. Die Kinder, die nach neun Monden geboren wurden, galten als ehelich; die Beziehungen, die während der wilden Zeit entstanden waren, durften nicht fortgeführt werden – es sei denn, in der nächsten wilden Zeit.

Die ersten Wissenschaftler, die im vergangenen Jahrhundert die Spuren heidnischer Kulte im Volksalltag erforschten und diese Bräuche mit den Riten der Primitivkulturen verglichen, nannten die Orgie eine «Ventilsitte». Sie glich den Saturnalien der alten Römer, in denen die Sklaven spielerisch von ihren Herren bedient wurden, oder den Narrenmessen im Mittelalter, in denen die Meßdiener in Eselskostümen die heiligen Rituale vollzogen, mit stinkenden Schuhsohlen in den Weihrauchfässern.

Um das strenge Gesetz, dessen übermäßige Forderung sonst ohne Regel und Überblick immer wieder durchbrochen würde, besser einzuhalten, wird periodisch völlige Umkehrung der gewöhnlichen Regeln akzeptiert. Die

Orgie erfüllt eine ähnliche Aufgabe wie das Sicherheitsventil am Druckkessel, das dem zusammengepreßten Gas einen Weg freigibt, bevor die Bruchfestigkeit des Behälters ernstlich in Gefahr gerät.

Die heimliche Liebe erscheint sozialgeschichtlich als inoffizielle, individualisierte Nachfolgerin der Orgie, der Selbst- und Normvergessenheit. Die Orgie hat Vorzüge, die der heimlichen Liebe mangeln, sie eröffnet einen Freiraum, der aber doch Grenzen hat, die allen Beteiligten klar sind. Bei der heimlichen Liebe ist ebenfalls der Freiraum vorhanden, aber die Grenzen müssen von den Beteiligten in oft schmerzlichen Auseinandersetzungen mit eigener wie fremder Belastbarkeit erkannt werden.

Die Vorzüge dieser orgiastischen Rituale liegen auf der Hand:

1. Die heimliche Liebe wird zugleich erleichtert und begrenzt.

2. Die legalen Partner müssen sich nicht fürchten, nicht verraten und belogen fühlen.

3. Der hybride Anspruch, ein Mann / eine Frau decke alle Wünsche ab, wird gleichzeitig akzeptiert (was die Geborgenheits- und Sicherheitswünsche befriedigt) und außer Kraft gesetzt (was die erotische Phantasie belebt und die Triebhaftigkeit befriedigt).

Die Orgie ist sozusagen offen heimlich. Sie ist an einen Ort außerhalb der normalen Zeit, des normalen Raumes verlegt, wo die Welt den Atem anhält und Dinge geschehen, die später als ungeschehen bewertet werden. Die Orgie war auch das einfachste und in vieler Hinsicht menschlichste Mittel, um die quälende Situation in einer unfruchtbaren Ehe mit starkem Kinderwunsch zu lösen. Heute wird in diesen Fällen eine medizinisch nachweisbare Ursache gesucht. Der «schuldige» Teil kann meist den Trost, daß er nichts für seinen Spermienmangel oder seine verklebten Eierstöcke könne, nicht sonderlich gut verwenden, um die Belastung von seinem Selbstgefühl zu tilgen. Die Rituale der künstlichen Befruchtung, des Lauerns auf den Eisprung und so weiter sind oft so würdelos, daß die Paare in ihrem erotischen Leben bleibend beeinträchtigt sind. Wieviel eleganter ist da die Lösung der Orgie, der heiligen Nächte um Mittsommer oder um die Zeit des ersten Frühlingsmondes! Wenn später ein Kind geboren wird, ist es ein Gotteskind, jeder Vater kann stolz auf es sein.

Die Spaltung im Liebesleben, welche durch die christliche Tradition und die bürgerliche Doppelmoral entstanden ist, formt das Unbewußte. Sie wird als Kluft zwischen Madonna und Hure, zwischen dem sicherheitspendenden und dem erotischen Mann, dem Vater und dem Liebhaber erlebt. Die Hure und der Liebhaber gehören in die Heimlichkeit. Es gab in der abendländischen Geschichte unbefangenere Epochen, in denen phallische Steine die Kreuzwege bewachten und es Götter wie Pan, Hermes oder Dionysos gab, die von sich sagten, sie hätten auf den Fruchtbarkeitsfesten mit jeder anwesenden Frau geschlafen. Solche Orgien sind in der christlichen Tradition bekämpft und buchstäblich verteufelt worden: Aus dem phallischen Gott, der die Orgie regiert, wurde der (wie Pan bocksbeinige) Teufel, der jede anwesende Frau koitiert und dessen Samen in der Phantasie der Hexenhammer-Mönche eiskalt zu sein hat.

Wer in Indien reist, findet den Phalloskult überall schamfrei, respektvoll, öffentlich. In Europa hat die Museumsleitung in Neapel die obszönen Darstellungen in unzugängliche Säle verbannt. Der Führer in Pompeji verlangt ein Extra-Trinkgeld, ehe er das Türchen öffnet, hinter dem das Gemälde des phallischen Priapos verborgen ist. Wenig Wunder, daß achtzig Prozent des Umsatzes der Video-Verleihfirmen mit Pornographie gemacht werden. Die frivole Erzählung der Antike vom Ehemann, der einen Liebhaber auf seiner Frau überrascht und nun beginnt, diesen anal zu penetrieren, steht für eine ganz andere Umgangsform mit dem Seitensprung und der Erotik. Der eifersüchtige Ehemann, der seine Frau vor Gericht bringen will, findet im antiken Mythos noch weniger Achtung als in Boccaccios Erzählung von Rinaldo und Filippa.

Zeus hatte, so lautet die Sage, Aphrodite mit Hephaistos verheiratet. Aber der Vater der Kinder, die sie ihm gebar, war der leidenschaftliche Kriegsgott Ares. Aphrodite gelang es über viele Jahre, ihre Liebschaft zu verheimlichen, anscheinend schätzte sie den tüchtigen Schmied durchaus als Ehemann. Einmal aber blieb Aphrodite so lange in Ares' Palast, daß die Sonne über dem Bett aufstieg, in dem sie mit ihrem Liebhaber lag. Und Helios, der Herrscher über den Sonnenwagen, hinterbrachte Hephaistos, was er gesehen hatte. Der zornige Schmied sann auf Rache. Er fertigte ein unzerreißbares und fast unsichtbares Netz und band es um die Pfosten des Ehebettes. Als Aphrodite lachend von Thrakien, wo Ares lebte, zurückkam und ihm erzählte, sie sei in Korinth beschäftigt gewesen, behauptete er, er müsse für einen kurzen Urlaub nach Lemnos. Aphrodite wartete, bis er abgereist war, und benachrichtigte Ares, er habe freie Bahn. So liebten sie sich auf dem von Hephaistos zur Falle gemachten Bett und fanden sich im Morgengrauen rettungslos verstrickt. Hephaistos aber rief alle Götter zusammen, um sie zu Zeugen des Ehebruchs zu machen, und klagte vor Zeus um die Rückgabe der wertvollen Heiratsgaben.

Nur die Götter kamen, um das Schauspiel zu betrachten. Die Göttinnen blieben aus Scham in ihren Häusern. Aber Hephaistos bekam mehr Schwierigkeiten, als er erwartet hatte: Apollon stieß Hermes mit dem Ellbogen an und sagte: «Dir würde es nichts ausmachen, an Ares' Stelle zu sein!» Hermes schwor, er würde mit der Schönen auch unter drei Netzen und den Blicken aller Göttinnen zusammenliegen wollen. Die Götter brüllten vor Lachen; Zeus wandte sich mißbilligend ab und erklärte, er wolle von solchen Streitigkeiten nichts wissen, Hephaistos sei ein Narr, seine Schande ans Licht zu zerren. Poseidon hatte sich ebenfalls in die nackte Aphrodite verliebt; er erklärte sich bereit, für Ares zu bürgen. Aphrodite und Ares wurden befreit; die Göttin ging nach Paphos auf Zypern, wo sie ihre Jungfräulichkeit durch ein Bad im Meer erneuerte. Aphrodite belohnte alle Götter, die für sie gestimmt hatten, mit einer Liebesnacht: Dem Hermes gebar sie den Hermaphroditos, ein zweigeschlechtliches Wesen; dem Poseidon zwei Söhne, Rhodos und Herophilos, dem Dionysos den Priapos, einen häßlichen Zwerg mit riesigen Geschlechtsteilen, den die Gärtner verehren.*

In einer langen, durch große Pausen unterbrochenen Beratung habe ich das Schicksal von Hephaistos, Aphrodite und Ares in einer modernen Ehe verfolgt. «Aphrodite» hatte «Hephaistos» geheiratet, weil sie in ihm etwas

---

* Die älteste Fassung dieser Geschiche findet sich in Homers Odyssee, VIII, S. 266–367. Vgl. auch Robert von Ranke-Graves, Griechische Mythologie, Bd. I, S. 57.

fand, das sie bei ihrer Mutter schmerzlich vermißte: Sicherheit, Geborgenheit, absolute Zuverlässigkeit. Er war ein Mann, der alles genau machte, beruflich wegen seines Sachverstandes anerkannt, allerdings nicht sonderlich geeignet, andere Menschen zu führen. Das fiel zunächst nicht weiter auf, «Aphrodite» und «Hephaistos» waren jung, beide berufstätig, reiselustig. In späteren Jahren, als seine Examenskollegen ihn überflügelten, überlegte der grollende «Hephaistos» auch eine Weile, ob er nicht den sicheren Posten in der großen Firma aufgeben und sich selbständig machen solle, gab es dann aber auf. «Aphrodite» hatte versucht, ihm nach einigen Ehejahren zu sagen, daß sie der immer gleiche Trott langweile. Aber «Hephaistos» wollte nichts davon hören. Bei ihrem ersten Seitensprung hatte sie noch versucht, ihm einen Teil ihrer Erlebnisse zu schildern, aber er hatte abgewunken, er wolle lieber nicht hören, daß andere Männer interessant seien. «Aphrodite» ermunterte nun «Hephaistos», sich für eine etwas besser dotierte Stelle in eine andere Stadt versetzen zu lassen. Sie lebten jetzt in zwei Wohnungen, trafen sich am Wochenende, fuhren zusammen in Urlaub. Sie hatte ihren Freundeskreis und (wovon sie jetzt nicht mehr sprach) gelegentlich einen Liebhaber.

Wir sehen hier, wie sich die heimliche Liebe im Kompromiß zwischen starken und nachgiebigen Merkmalen einer Persönlichkeit entfaltet. «Aphrodite» ist nicht entschlossen und rücksichtslos genug, um sich offen durchzusetzen, aber auch nicht demütig und konform genug, um auf ihre Wünsche zu verzichten. So sucht sie diese in einem Bereich zu befriedigen, der neben ihrer Beziehung zu «Hephaistos» liegt. Es ist auch hier sehr deutlich, daß

«Hephaistos'» Glaube, «Aphrodite» zu besitzen, bis zu Xaver Bolwiesers* Glaube, seine Frau Hanna zu besitzen, die entscheidende Kategorie ist. Solange er diesen Glauben aufrechterhalten kann, ist er zufrieden.

In unserem Fall ist «Hephaistos» geschickter als sein mythisches Urbild: Er wird zwar betrogen, aber er ist weise oder träge genug, sich nicht darum zu kümmern, ob das tatsächlich der Fall ist oder nicht. Indem er weder eifersüchtig ist noch den Eindruck macht, es sei ihm gänzlich gleichgültig, ob seine «Aphrodite» treu ist oder nicht, ist er ein verläßlicher Partner einer Verheimlichung, die über viele Jahre hin funktioniert. «Aphrodite» ist weniger glücklich. Sie kann eigentlich den Zustand, den sie aufbaut, nicht wirklich genießen, vor allem, seit sich ihre heimlichen Beziehungen von flüchtigen Bekanntschaften auf einen festen zweiten Partner konzentriert haben.

«Ares» ist verheiratet, aber er behauptet, er bleibe nur

* Oskar Maria Graf, Bolwieser, München 1926. Anders als in den klassischen Ehebrecherinnen-Romanen des 19. Jahrhunderts, Fontanes «Effi Briest» und Flauberts «Madame Bovary», ist es hier der Mann, der in einem kleinstädtischen Ehebruchsdrama den kürzeren zieht. Graf erfaßt sehr genau die Dynamik einer der Aufsteiger-Ehen der Moderne, in denen nicht mehr der Mann eine Frau aus einfachen Verhältnissen an sich zieht. Umgekehrt kommt hier der Mann aus bäuerlichen Verhältnissen und ist im Beamtendienst zu einer stabilen, kleinbürgerlichen Existenz aufgestiegen. Als Bahnhofsvorsteher hat Xaver Bolwieser die Tochter eines reichen Brauereibesitzers geheiratet. Die Haßliebe, welche in Edward Albees Stück «Wer hat Angst vor Virginia Woolf?» so meisterhaft inszeniert ist, gehört ebenfalls zu diesem Beziehungstypus. Der aufstrebende junge Professor heiratet die Tochter des Dekans und verzweifelt in einer kinderlosen Ehe daran, daß er immer am Vorbild seines Schwiegervaters gemessen wird.

der gemeinsamen Kinder wegen bei seiner Frau. Er bewundert «Aphrodite» sehr, preist sie als die schönste, beste Frau, wenn er frei wäre, wenn sie frei wäre, würden sie beide doch gewiß sofort heiraten. Er muß so viel reisen, daß er es organisieren kann, jede zweite Woche zu «Aphrodite» zu fahren, mit ihr ins Theater zu gehen, zu Abend zu essen, eine Liebesnacht zu verbringen.

«Der ‹Ares› ist mir zu stark», sagt «Aphrodite». «Der würde mich auffressen. Ich will gar keine feste Beziehung mit ihm. Am Wochenende mit ‹Hephaistos›, da kann ich mich richtig ausruhen.»

«Aphrodite» denkt immer wieder darüber nach, wie es wäre, wenn sie mit «Ares» zusammensein könnte. Sie fürchtet, daß dann die berauschende Erotik langweilig wäre und er im Alltag Pascha-Allüren an ihr ausleben würde, die sie aus seinen Reden über seine Frau heraushört. Nur einige Male gerät sie während dieser frühen Phase der Beziehung in eine Krise, weil sie über vorher nicht sichtbare Grenzen geschritten ist, die den Bezirk des «Ares» von dem des «Hephaistos» trennen. Sie fährt zum Beispiel während einiger als Kongreßreise getarnter gemeinsamer Urlaubstage mit «Ares» an jenen bezaubernden Strand, an dem sie schon oft mit «Hephaistos» war, kann die Tage dort aber überhaupt nicht genießen, fühlt sich bedroht, in jedem Winkel scheinen Gespenster zu lauern; nachher ist sie ganz verstört und meint, sie müsse sich von «Hephaistos» oder von «Ares» trennen, doch mit jeder dieser Trennungen verbindet sie eine Phantasie, sie sei dann ganz allein. Es ist, als hätte sich in ihr inzwischen eine Struktur ausgebildet, die beide Männer gerade in ihrer Geschiedenheit zusammenfaßt und ihr Geborgenheit vermittelt.

«Aphrodite» befriedigt ihre Berufstätigkeit immer weniger. Sie hilft ihr nicht über eine Frage hinweg, die immer unabweisbarer wird: Soll sie jetzt ein Kind kriegen oder nicht? Sie hat das aufgeschoben, weil sie zwar unbedingt irgendwann ein Kind haben möchte, aber bisher fürchtete, dann zu sehr gebunden und in ihren Karrieremöglichkeiten beschnitten zu sein. Jetzt ist die Beziehung mit «Ares» schon vertraut. Sie beginnt zu verhüten, wenn er kommt, und ungeschützt mit «Hephaistos» zu schlafen. Aber sie wird nicht schwanger. So läßt sie die Verhütung weg und spielt va banque. Sie will ein Kind, gleichgültig ob von «Hephaistos» oder von «Ares». Dann wird sie weitersehen. Als sie endlich schwanger wird, weiß sie ziemlich genau, daß sie «Ares» Kind trägt, aber sie sagt «Hephaistos» nichts davon und behauptet gegenüber «Ares», das Kind sei von «Hephaistos».

Spätestens an dieser Stelle wird deutlich, daß die hier beschriebene «Aphrodite» unserer Zeit keine Göttin des Olymp ist, sondern eine Frau, die versucht, ihre Autonomie dadurch zu bewahren, daß sie zwei Männer – einen öffentlichen und einen heimlichen – so um sich gruppiert, daß sie hoffen kann, ihre Abhängigkeiten von beiden zu kompensieren. Diese moderne Aphrodite ist eine Seiltänzerin, an deren Balancierstange zwei Männer hängen, von denen keiner so viel über den anderen weiß wie sie. Indem ihr Wissen beide verbindet, indem sie bald den einen, bald den anderen zu sich holen und sich in seiner Liebe oder Fürsorge spiegeln kann, versucht sie den Machtunterschied auszugleichen, den sie in ihren Männerbeziehungen erlebt.

«Aphrodite» mag es über viele Jahre gelingen, dafür zu sorgen, daß die auf sie wirkenden Kräfte sich gegenseitig so schwächen, daß sie sich ebenso frei fühlt, wie sie es den Männern unterstellt. In Wahrheit glaubt sie nicht daran, daß ein Mann, den sie nicht manipuliert und für den sie sich nicht anstrengt, sie jemals lieben könnte. Wie die mythische Aphrodite einen magischen Gürtel hatte, aber auch benötigte, der alle Männer entflammte, kann auch sie nicht darauf verzichten, den Männern etwas vorzuspielen, um glauben zu können, sie sei liebenswert. Da sie ihre Freiheit nicht darin finden kann, unbekümmert zu sein, findet sie einen Teil davon in der Möglichkeit, sich ihr Publikum zu wählen.

Sie versucht zu verdrängen, wie sie mit den zwei Männern nach der Geburt umgehen soll. Sie wird sich dann von «Ares» trennen, sagt sie sich, aber jetzt will sie die Stunden mit ihm noch genießen, solange die Schwangerschaft ihr das noch erlaubt.

«Aphrodite» und «Hephaistos» sind immer noch zusammen. «Ares» kommt gelegentlich; «Hephaistos» weiß nichts von ihm. Es gibt Probleme, seit der kleine Anton sprechen kann und aufmerksam mustert, welche Besucher kommen und wie lange sie bleiben. «Ich kann ihn doch nicht immer beim Kindermädchen übernachten lassen», sagt «Aphrodite». «Aber ich habe auch Angst, daß ‹Ares› mit mir bricht, wenn ich ihn zu oft abweise.»

In dieser letzten Bemerkung wird wieder deutlich, daß «Aphrodites» Spiel einen ernsten Hintergrund hat: Sie fürchtet sich so sehr, verlassen zu werden, alles zu verlieren, daß sie ein zweites Leben aufbaut, wie ein Bauer zur Zeit des Dreißigjährigen Krieges, tief in Wäldern versteckt, einen zweiten Haushalt einrichtete, der als Zuflucht dienen konnte, wenn sein Hof im Dorf geplündert wurde.

Sexualität und Haß gefährden in unseren Ur-Phantasien die Menschen, zwischen denen sie entstehen. Weil in der orgastischen Befriedigung das bewußte, steuernde Ich für einige Zeit sich selbst verliert, steht der Sexualakt immer auch für Trennung, für Verlust. Wenn die Verlustängste sehr stark sind und sehr leicht geweckt werden können, muß der Orgasmus vermieden oder kontrolliert werden. Sexuelle Erregung erreicht ein Plateau, auf dem sie gewissermaßen die Kontrollinstanzen noch nicht gefährdet; sie darf nicht kulminieren.

Die heimliche Liebe mäßigt die Angst vor Abhängigkeit, indem sie diese auf mindestens zwei Personen verteilt. Sie bringt ein orgastisches Element in den Alltag. Der heimlich Liebende hat in sich einen Ort, den er aufsuchen kann, wenn ihn zu sehr einengt und belastet, was in einer Beziehung gegeben ist, von der er sich nicht lösen kann. Der Weg von den Mysterien des Dionysos zur Sitzung eines Karnevalvereins ist weit, auch wenn bei beiden Veranstaltungen viel Wein getrunken wird. Die heimliche Liebe portioniert die Orgie. Das phallische Mysterium ist aus der Gesellschaft verschwunden, deren Ordnungen sich nicht mehr periodisch auflösen dürfen in sonst undenkbare Freizügigkeiten. Die Zeitschranken, welche die Nacht der Orgie von der Reinigungszeremonie trennten, die ihr folgte (in der, beispielshalber, die Göttin durch ein Bad ihre Reinheit wiederherstellte), sind zu inneren Spaltungen geworden, welche im Leben der Individuen die öffentliche, geordnete und die heimliche, freie Liebe trennen. In dieser geht scheinbar alles außer einem: Sie darf nicht öffentlich werden. Denn dann hat sie einen Teil ihrer Freiheit und ihres Zaubers verloren, und es kostet erhebliche (oft vergebliche) Mühe, den früheren Zustand wiederherzustellen.

Die Orgie hängt damit zusammen, daß die Teilnehmer aus ihrem Alltags-Ich heraustreten und von einem Gott besessen werden, der nun aus ihnen spricht. In jener Phase der europäischen Geschichte, welche schließlich die technische Zivilisation hervorbringen sollte, ist die Orgie als kollektives Ritual allmählich verschwunden, aber in anderen Formen wieder aufgetaucht. Während die Aufklärung die bäuerlichen Bräuche, Karnevalsspiele und Narrenmessen allmählich zu einem Treiben von Traditionsvereinen, Kindern und Jugendlichen machte, setzten an anderen Stellen Versuche ein, die Qualitäten der Ekstase in den Dienst der keimenden medizinisch-psychologischen Wissenschaft zu stellen. Ein Nachfahr der Schamanen im Duktus der Moderne war der deutsche Theologe Franz Anton Mesmer (1734 bis 1815), später Arzt in Wien, reich verheiratet und vom Ehrgeiz des Privatgelehrten getrieben. Er glaubte, daß er selbst ebenso wie andere dazu begabte Menschen einen «animalischen Magnetismus» ausübe, der große Heilkraft entfalten könne. Bekannt wurden seine Séancen in Paris, wo er nach einem Skandal in Wien Zuflucht suchte und wo die Damen und Herren der Gesellschaft durch die Berührung von Kübeln (*baquets*) voll magnetisierten Wassers in Zuckungen, Krämpfe und seligen Schlaf fielen.*

* Vgl. Wolfgang Schmidbauer, Vom Umgang mit der Seele. Psy-

Während die Mesmer-Gläubigen alle die von ihm fest-gestellten Wirkungen spürten und zeigten, reagierten die Mitglieder einer wissenschaftlichen Kommission der Akademie der Wissenschaften in Paris überhaupt nicht. Es dauerte noch geraume Zeit, bis die beschriebenen Erscheinungen unter dem Begriff Suggestion Eingang in die medizinische Forschung fanden. Eine Zwischenstation, die für den Betrachter der Orgie und der heimlichen Liebe interessant ist, bedeutete die Kultur der Somnambulie, des Schlafwandelns, die mit einem anderen, heute wieder in den Medien aktualisierten Phänomen zusammenhängt: der Besessenheit oder der «multiplen Persönlichkeit».

Ein Schüler Mesmers, der Marquis Chastenet de Puységur, hatte zuerst beobachtet, daß von ihm «magnetisierte» und dadurch in Schlaf versetzte Hirten und Bauern auf seinem Landgut aus diesem magnetischen Schlaf auch «geweckt» und dann zu Handlungen gebracht werden konnten, an die sie sich im wachen Zustand nicht mehr erinnerten. Aus diesen Versuchen entwickelte sich eine Form der Psychotherapie, die noch Freud erlernt und oft angewendet hat, ehe er die Psychoanalyse entdeckte: die Hypnose. Durch sie wird künstlich ein Zustand der Identifizierung mit dem Hypnotiseur erreicht, in dem Menschen angeblich wie Automaten funktionieren und Schranken überwinden, die ihnen im Wachleben Erziehung, Vernunft oder Gewissen setzen.

Allerdings ist die Dämonie, mit der in Filmen und Romanen teuflische Magier unschuldigen Opfern alles einreden können, was sie ihnen einreden wollen, von sexuel-

chotherapie zwischen Magie und Wissenschaft, München (Nymphenburger) 1998.

ler Hörigkeit bis zum Mord als «posthypnotischem Auftrag», selbst ein Versuch, dem Publikum die große Macht der Hypnose zu suggerieren. In Wahrheit lassen sich nur Menschen, die an Hypnose glauben und ihr nachgeben wollen, in dieser Weise beeinflussen, und auch dieser Einfluß ist unzuverlässig, launisch, unberechenbar. Aber angesichts der zahlreichen kritischen Einschränkungen, die Wissenschaft und Aufklärung produzieren, ist vielen Menschen das skeptische Angebot, Nichtwissen und Ohnmacht zu erkennen, mehr Bedrohung als Hilfe. So wurde und wird geglaubt, daß Somnambule (wie die Hauptfigur in Heinrich von Kleists Ritterschauspiel «Das Käthchen von Heilbronn») in die Zukunft schauen, Krankheiten heilen, Schätze finden können. Kurzum, ihnen wird zugeschrieben, was früher der Medizinmann in den Primitivkulturen beherrschen sollte: ein besonderer Kontakt zu einer Über- oder Unterwelt.

Mit der heimlichen Liebe verbindet den Schlafwandler, daß er Dinge tut, die nicht zu dem Bild passen, das die Umwelt von ihm hat. «Ich wußte nicht, was ich tat», «Es war stärker als ich», «Das bin doch nicht ich gewesen» sind gängige Antworten des Ertappten; oft spricht er noch davon, daß er schließlich betrunken oder durch andere Drogen in seiner Urteilskraft eingeschränkt war.

Die hypnotische Trance (das Wort stammt vom lateinischen *transitus*, «der Übergang») ist deshalb verführerisch, weil viele Menschen die Last der Verantwortung für die eigene Person und das eigene Verhalten als sehr drückend empfinden. Der Zulauf, den Sekten und Gurus religiöser oder politischer Schattierung finden, hängt damit ebenso zusammen wie die heute modisch gewordene Vorstellung von der multiplen Persönlichkeit. Sie wurde zuerst von

Morton Prince (1854 bis 1929), einem amerikanischen Nervenarzt, beschrieben. Seine Patientin, Miss Beauchamp, war in ihrer «Wachpersönlichkeit» (genauer eigentlich: in ihrer therapiebedürftigen Persönlichkeit) eine sittenstrenge junge Frau, deren Briefe voller Selbstkritik sind. Aus diesem Zustand verfällt die «Heilige» plötzlich in den einer aggressiven Frau, «Sally», oder in den eines putzsüchtigen, frivolen Weibchens, das «Sally» den Idioten nennt. Miss Beauchamp weiß weder von Sally noch vom Idioten. Der Idiot weiß nicht von Miss Beauchamp und von Sally; Sally weiß vom Idioten und schreibt Miss Beauchamp böse Briefe, denen sie Spinnen beilegt, wissend, daß Miss Beauchamp sich vor Spinnen graust. Sally gibt viel Geld aus, treibt sich herum; es kann geschehen, daß die Nichtraucherin Miss Beauchamp sich plötzlich in einer Spelunke findet, die von Sally angezündete Zigarette noch zwischen den Lippen.

Der von Prince beschriebene Fall zeigt charakteristische Merkmale einer Hysterie, zum Beispiel die Mischung aus extremer Strenge und Frivolität. Prince deutet auch an, daß Miss Beauchamp als Kind mißbraucht wurde. Solche Erlebnisse werden gegenwärtig oft als Ursache einer multiplen Pesönlichkeit angesehen: um den Schmerz, daß etwa ein geliebter Vater auch ein sexuelles Monster ist, zu bewältigen, werden bestimmte Persönlichkeitsbereiche abgespalten. Allerdings ist bis heute umstritten, ob die multiplen Persönlichkeiten tatsächlich unabhängig von Therapeuten auftreten können, die an solche Erscheinungen glauben.*

* In dem Artikel «Wenn Ich ein Plural ist» («Die Zeit», Nr. 3 / 1995, S. 33) greift Jochen Paulus diese Debatte auf. Er verweist

Freud hat in der Frühzeit der Psychoanalyse herausgefunden, daß beispielsweise das angeblich vollständige posthypnotische Vergessen keineswegs vollständig ist: Wenn der Therapeut überzeugt ist, daß sich der Hypnotisierte erinnern kann, wird sich dieser erinnern. Wenn er hingegen glaubt, daß sich dieser auf keinen Fall erinnern kann, wird er sich nicht erinnern. Freud besuchte den französischen Medizinprofessor Hippolyte Bernheim, einen der bekanntesten Hypnotiseure seiner Zeit, in Nancy, um

auf die großen nationalen Unterschiede in den Diagnosen der multiplen Persönlichkeit – Befürworter schätzen sie in den USA auf drei Prozent der Bevölkerung (etwa 7 Millionen Menschen), während in der Schweiz neunzig Prozent der Psychiater noch nie einen solchen Kranken gesehen haben. Während Skeptiker betonen, daß solche Patienten durch entsprechende Bemühungen ihrer Therapeuten gezüchtet werden und in der multiplen Persönlichkeit eine bequeme Rechtfertigung für persönliche Probleme finden, weisen die Befürworter auf Fehldiagnosen (Schizophrenie, Borderline-Persönlichkeit) hin. Allerdings fühlt sich der Betrachter gedrängt, auch über die Störung der Behandler nachzudenken, wenn er liest, daß der Präsident eines Verbandes der Multiple-Persönlichkeits-Therapeuten überzeugt ist, solche Kranke seien Opfer einer Verschwörung der CIA, die sie in psychotechnischen Zentren produziere. Nicht viel glaubhafter sind andere Autoren, die behaupten, daß satanische Messen mit ritualisiertem Kindesmißbrauch die Ursache sind. In Hypnose «erinnern» sich Kranke in der Regel an das, wovon der Hypnotiseur glaubt, daß sie es erlebt haben. Daher ist es auch Unfug, in suggestiven «Rückführungstherapien» konstruierte Inzest- oder Mißbrauchserlebnisse ohne kritische Prüfung und weitere Beweise als juristisch relevante Fakten anzuerkennen. Vgl. Elisabeth Loftus und Katherine Ketcham, The Myth of Repressed Memory: False Memories and Allegations of Sexual Abuse, New York (St. Martins) 1995, sowie Mark Pendergast, Victims of Memory: Incest Accusations and Shattered Lives, New York (Upper Access) 1995.

herauszufinden, weshalb sich gerade seine besser zahlenden, bürgerlichen Patienten so schlecht hypnotisieren ließen. Dort erfuhr er von Bernheim, daß auch dieser mit den armen, gläubig aufschauenden Patienten aus seiner kostenlosen Ambulanz viel besser hypnotisch arbeiten konnte als mit den skeptischen und anspruchsvollen Privatpatienten.

Bernheim pflegte ungefügige Kranke anzuschreien: «Vous vous contresuggestionez!»* Aber hatte nicht der Kranke ein Recht, sich zu wehren? «Mein Widerstand», sagt Freud, «nahm dann später die Richtung einer Auflehnung dagegen, daß die Suggestion, die alles erklärte, selbst der Erklärung entzogen sein sollte.» Die Aufklärung der suggestiven Wirkung des Therapeuten im Gegensatz zu ihrer reinen, zweckrationalen Verwendung (in der die subjektiven Interessen des Therapeuten und die Ideologie der Situation unbeachtet bleiben) ist dann ein wesentliches Merkmal der analytischen Formen der Psychotherapie geworden.

Der Unterschied zwischen Behandlungsformen, in denen das Wissens- und damit Machtgefälle zwischen Patient und Therapeut verwendet, aber nicht gemeinsam reflektiert wird, spielt auch heute noch eine Rolle. Therapeuten, die selbst mit suggestiven Methoden arbeiten, gehen oft nicht zu einem Therapeuten ihrer Schule, wenn sie persönliche Probleme haben. Sie konsultieren jemanden, der psychoanalytisch oder erlebnistherapeutisch arbeitet. Derselbe Verhaltenstherapeut, der beifällig eine Studie über die größere Wirksamkeit seiner Methode liest,

---

* «Sie geben sich Gegensuggestionen!» S. Freud, Massenpsychologie und Ich-Analyse, G. W. XIII, S. 9.

geht im Augenblick seiner Krise nicht zu einem seiner wirkungsvollen Kollegen.

Morton Prince gelang es, in Hypnose die Persönlichkeiten von Miss Beauchamp und dem «Idioten» zu versöhnen, worauf Sally aufhörte zu spuken. Ein Phänomen, das ich aus einer Analyse kenne, ist das Schlafwandeln. Es hat durchaus Qualitäten, die in den Berichten über multiple Persönlichkeiten auftauchen. Eine Patientin fand morgens öfters Reste von Marmeladenbroten in ihrem Bett, obwohl sie als disziplinierte Hausfrau niemals Brote im Bett zu essen pflegte. Sie berichtete auch, früher habe ihr Mann sie manchmal nachts schlafwandelnd beim Putzen angetroffen. Am meisten beunruhigte sie, daß sie sich auch schon einmal am Steuer ihres Autos frierend irgendwo gefunden hatte, ohne zu wissen, wie sie dorthin gekommen war.

Bei dieser Frau waren auch andere Zeichen von Mängeln in der Fähigkeit ihres bewußten Ichs zu beobachten, Wünsche mit Normvorstellungen zu verbinden und sich zu steuern. Es fiel ihr sehr schwer, die Realität zu beschreiben, ohne sich sofort zu rechtfertigen. Sie war oft wie blind, was ihren körperlichen Zustand anging, und fühlte sich vor der Analyse zum Beispiel während einer schweren Lungenentzündung mit hohem Fieber nicht krank, bis sie nach einem Kreislaufkollaps als Notfall in eine Klinik kam. Sie mied Männer, die ihr gefielen, weil sie fürchtete, sich ihnen mitten auf der Straße hinzugeben, wo sie gerade ging oder stand. Diese Steuerungsmängel hinderten sie nicht, in vielen Lebensbereichen gut zu funktionieren, einen anspruchsvollen Beruf auszufüllen und Fernreisen anzutreten.

Die «Spaltung» der Persönlichkeit ist ein Thema der

Moderne, von den «zwei Seelen» des Faust bis zu Robert Louis Stevensons Geschichte von Dr. Jekyll and Mr. Hyde, in der ein wohltätiger Arzt in seinem Labor einen Trank produziert, der ihn in einen bösartigen Lustmolch und Totschläger verwandelt. Auch die heimliche Liebe kann mit Sehnsüchten nach einem zweiten Selbst zusammenhängen, die sich in solchen Phantasien ausdrücken. Sie spielen auch in der Trivialliteratur eine große Rolle. Viele «Superhelden» haben eine zweite Identität. Der Ich-Erzähler Karl May ist in Amerika Old Shatterhand und im Orient Kara Ben Nemsi; Superman ist im zivilen Leben der schüchterne Journalist Clark Kent, und hinter dem grünhäutigen Monster des Hulk steckt als spätgeborener Dr. Jekyll ein strahlenkranker Atomphysiker.

Die Doppelexistenz ist sozusagen eine abgespaltene Orgie; was der Bankdirektor, der seiner heimlich geliebten Kassiererin ein Apartment einrichtet, dort mit ihr lebt, würde er wohl auch gerne einem Herrn Verborgen* zuschreiben, an dessen Taten er sich später nicht erinnern kann. «Einmal ist keinmal» enthält eine ähnliche Hoffnung, daß im Grunde nicht existiert, was verheimlicht bleibt. Je genauer wir solche Ausweichmanöver beobachten, um so mehr kommen wir zu dem Eindruck, daß die westliche Konstitution des allseitig verantwortlichen Individuums, das immer zu allem, was es erlebt, «stehen» sollte und seine Identität durch die Synthese aller Widersprüche

---

* Mr. Hyde ist vom englischen *hide*, «verbergen», abgeleitet. Eine feminine Variante dieses Themas schildert der französische Film «La belle du jour»: Eine wohlanständig verheiratete Frau beginnt, von masochistischen Sexualphantasien verfolgt, heimlich in einem Bordell zu arbeiten.

bilden müßte, viele Personen überfordert. Die antike Aussage: «Ich wollte dies tun, aber ein *daimon* (Macht, Kraft, «Dämon») ergriff mich» hat eine entlastende Qualität.

7 Beratung und Therapie angesichts der heimlichen Liebe

«Ob die Forderung der absoluten Wahrhaftigkeit sonst nicht gegen das Postulat der Zweckmäßigkeit und gegen die Absichten der Liebe sündigt, möchte ich nicht ohne weiteres verneinend beantworten und zur Vorsicht raten. Die Wahrheit ist nur das absolute Ziel der Wissenschaft, aber die Liebe ist ein von ihr ganz unabhängiges Lebensziel, und Konflikte zwischen den beiden Großmächten sind sehr wohl denkbar. Zur prinzipiellen und regulären Unterordnung der einen unter die andere sehe ich keine Nötigung.»[*]

In einer Praxis für Ehetherapie oder -beratung[**] suchen Frauen in Beziehungskonflikten häufiger Hilfe. Sie schät-

[*] Sigmund Freud in einem Brief an Sándor Ferenczi vom 10.1.1910, in: Briefwechsel, ed. E. Brabant et al., Wien (Böhlau) 1993, S. 195.
[**] Eheberatung und Ehetherapie sind oft nicht genau voneinander abzugrenzen. Der Unterschied liegt vielfach nicht in der inhaltlichen Arbeit, die meist in der einen oder anderen Schule der Familientherapie wurzelt (die von psychoanalytischen, lerntheoretischen, integrativen und systemischen Modellen ausgehen), sondern in der Legitimation. In Deutschland arbeiten in den (vielfach von kirchlichen Trägerverbänden unterhaltenen) Eheberatungsstellen Psychologen und Ärzte, die ihre Tätigkeit Therapie nennen, neben Personen mit anderen Vorbildungen. Diese müssen ihre Arbeit, rechtlich gesehen, als Beratung deklarieren, obwohl

zen eine Beratung als Beziehungs- und Gesprächsangebot und erleben – anders als Männer – Therapeutinnen oder Therapeuten nicht so sehr als Rivalen, die ihnen ihre Dominanz vorführen. Die von einem eifersüchtigen Mann verfolgte oder die unter den Seitensprüngen ihres Partners leidende Frau erwartet in ihrem Therapeuten einen Verbündeten, der sie gegen die Versuche ihres Partners schützt, die Beziehungsgesetze so zu definieren, wie es ihm paßt.

Wegen ihrer Widerstände, sich auf eine Vertrauensbeziehung zu potentiellen Rivalen einzulassen, haben es Männer in Beratungssituationen schwerer und brechen eine Therapie auch häufiger ab. Sie sind weniger motiviert, werden von den Therapeuten weniger bestätigt und verlieren daher schneller das Interesse. Aber selbst wenn nur ein Teil (wie wir sehen: meist der weibliche) einer krisenhaften Beziehung Hilfe sucht, kann der Therapeut die innere Situation des anderen Teils ins Gespräch bringen. Das ist jedenfalls eher seine Aufgabe, als seinen Klienten naiv in einer Entwertung des Partners und in Trennungsabsichten zu fördern. Ein Therapeut, der seinen Klientinnen rät, dieses oder jenes zu tun oder zu lassen, begibt sich auf gefährliches Gebiet. Denn die Folgen ihrer Handlungen muß nicht er tragen, sondern die Klientin.

sie nicht selten dieselbe Zusatzausbildung absolviert haben wie die Therapeuten.

Wer selbständig therapeutisch arbeitet, muß in Deutschland gegenwärtig die Approbation als Arzt oder psychologischer Psychotherapeut haben. Wer berät, kann Jurist, Lehrer, Theologe, Sozialpädagoge, Krankenschwester usw. sein. Ehetherapeut wie Eheberater sollten eine Ausbildung in Familientherapie absolviert haben, die gegenwärtig von verschiedenen privaten oder öffentlich-rechtlichen (kirchlichen) Trägern in unterschiedlicher Qualität angeboten wird.

Die heimliche Liebe stellt den Berater vor recht knifflige Aufgaben. Er muß sich immer wieder klarmachen, daß er keine moralische Instanz, sondern ein Dienstleister ist. Therapeuten werden gegenwärtig angesichts der krisenhaften Defizite an Orientierung, Sinn, an Versöhnung zwischen Anspruch und Realität von manchen Klientinnen oder Klienten idealisiert und zum Guru hochgelobt. Andererseits müssen sie damit rechnen, in den Medien als Scharlatane angeklagt und fataler Neigungen zum Mißbrauch attraktiver Klientinnen bezichtigt zu werden.

Kritische Distanz zur therapeutischen Dienstleistung verlangt, Schaden und Nutzen abzuwägen, sie nicht idealisierend zu übertreiben oder polemisch abzustreiten. Bezogen auf unser Thema, gibt es Therapeuten und Berater, die sich, wenn von einer heimlichen Liebe berichtet wird, in die Brust werfen und unbedingte Offenheit und Ehrlichkeit zu den Leitsternen jeder guten Beziehung erklären. Und es gibt andere, die sich angesichts der zwischen symbiotisch-enger Entsexualisierung und schuldbeladener Sehnsucht nach sexueller Befreiung gebundenen Pattsituation eines Paares selbst als heimliche Liebhaber anbieten und ihre eigene erotische Befriedigung mit einer Befreiungsaktion verwechseln.

Die professionelle Haltung ist von beiden Extremen gleich weit entfernt. Sie muß sich aber in der Regel stärker von der moralischen Besserwisserei distanzieren als von der erotischen Verführung. Während der sexuelle Mißbrauch von Klientinnen und Klienten gegenwärtig in aller Munde ist und sogar dazu geführt hat, das Gesetz gegen die Unzucht mit Abhängigen auf Psychotherapiepatientinnen zu erweitern, wird weder in den Ministerien noch in der Presse der narzißtische Mißbrauch durch das Überstülpen eigener Werturteile auf abhängige und verwirrte Menschen als Mißbrauch erkannt oder bekämpft.

Wenn sich eine Frau durch sexuelle Übergriffe ihres Therapeuten irritiert fühlt, hat sie die Öffentlichkeit auf ihrer Seite. Wenn sie «nur» moralisch mißhandelt wird, fällt es ihr ungleich schwerer, sich abzugrenzen. Es bleibt meist nur der Rückzug in eine stumme Depression oder in psychosomatische Symptome. Der moralische Mißbrauch durch den Eheberater wird in kirchennahen Einrichtungen möglicherweise sogar vom Arbeitgeber gedeckt, ja unterstützt. Die Opfer moralischer Übergriffe haben keine Lobby. Ihnen steht nur die Möglichkeit offen, sich auf die Suche zu machen, bis sie einen Therapeuten / Berater finden, der seine Sache versteht. Sie haben auch Chancen, einen solchen zu finden.

Problematisch sind in Liebesangelegenheiten alle Aussagen, die einen ambivalenzfreien Raum, eine letzte Sicherheit vorgeben. Die Anwendung suggestiver Methoden – gegenwärtig ist das «neurolinguistische Programmieren» (abgekürzt NLP) die erfolgreichste Wiederbelebung der hypnotisch-suggestiven Traditionen – in der Familientherapie bringt hier die Gefahr mit sich, daß Therapeuten wie Theologen sprechen. Sie posaunen etwa, daß jedes Paar, das einmal ein Kind abgetrieben hat, unter einem unheilbaren Riß der Beziehung leidet, daß heimliche Liebschaften immer verschwiegen oder in jedem Fall bekannt werden müssen, daß sie das Lebenselixier oder umgekehrt der Sargnagel jeder Beziehung sind, daß Verzeihen einzig richtig ist oder die sofortige Trennung von Verräterin oder Verräter.

Das alles ist Unsinn, auch wenn familientherapeutische Gurus solche Weisheiten in die Welt setzen. Es ist traurig, daß diese die geringe geistige Widerstandskraft der meist stark verunsicherten Paare für ihre Selbstbestätigung mißbrauchen können. Doch zeigt der öffentliche Erfolg der Beziehungsmagier auch, daß die entsprechenden Situationen die Selbstregulation vieler Paare überfordern und ein großer Bedarf nach Patentrezepten besteht.

Es ist ein Therapieziel, diesen Druck zu mindern und die freiwillige, bewußte Entscheidung zu fördern, auch um die Risiken von streßbedingten Erkrankungen oder Fehlleistungen (wie dem «zufälligen» Autounfall auf dem Weg zu einer heimlichen Liebe) zu vermindern. Akzeptieren wir, daß Beziehungen immer begrenzt sind, daß völlige Harmonie, völliges Verständnis und auch völlige Wahrheit Illusionen sind. Wir müssen nicht aufhören, nach ihnen zu streben und sie zu ersehnen. Aber es ist gefährlich, sie dadurch erreichen zu wollen, daß kurzschlüssig etwas zerstört wird, was sich nicht wieder reparieren läßt. Das gilt für die nach einem Seitensprung Lüsternen, die vergessen, welche Verletzungen sie anrichten können. Und es gilt für die, welche überzeugt sind, was sie als Verrat *erlebten*, müsse auch ein Verrat *sein*. Dementsprechend wäre dann die sofortige Trennung von diesem Verräter (oder der Verräterin) die einzige Lösung des Konflikts.

Die Partner können zusammen mit einem neutralen Dritten wieder verhandeln und die großen Widersprüche klären, welche durch die Begegnung mit dem Unerwarteten beim Partner auftreten. Das Unerwartete wird zunächst immer mit den eigenen, vertrauten Kategorien interpretiert. Wenn *ich* mich nur auf eine heimliche Liebe einlassen würde, wenn ich mit meiner öffentlichen Beziehung gänzlich unzufrieden bin, dann fällt es mir schwer zu glauben, daß mein Partner nicht *auch* solche Empfindungen ausdrückt, wenn *er* einen Seitensprung macht. Er *geht* nicht nur fremd, wie es die Redensart sagt, sondern er *wird* mir auch fremd.

Dieses Fremdwerden des Vertrauten ist schwer zu ertragen, ohne daß Ur-Ängste von völliger Verlassenheit geweckt werden. Sie schlummern in jedem von uns. Phantasiegeschichten, welche die Tiefsee mit riesigen Kraken bevölkern, spiegeln solche Situationen. Sobald die archaische Verlassenheitsangst in einem Erwachsenen auftaucht, der sich bisher bei seinem Partner geborgen fühlte, ist es ungeheuer schwer, wieder zur Ruhe zu kommen. Ein typisches Signal ist die Schlaflosigkeit in den frühen Morgenstunden, das Hochschrecken – «Gefahr».

Die Gefahr ist meist keine äußere, denn der Partner oder die Partnerin haben noch am Abend beteuert, daß sie bleiben wollen, das bewußte Ich wollte es glauben und hat sich entspannen können. Im Schlaf, zu jener späten Nacht- oder frühen Morgenstunde, in der die Abwehrstrukturen am verwundbarsten sind, tauchen aus dem Unbewußten Bilder von Wut und Zerstörung auf, die sogleich heftige Ängste wecken. Die Panik der Verlassenheit entsteht nicht durch die Drohung, daß mich meine Liebste / mein Liebster verläßt, die mich bisher vor Einsamkeit schützten. Sie entsteht durch eine vorbewußte Reaktion auf unbewußte Zerstörungslust, auf kannibalische Wut, auf die Othello-Reaktion: zu morden, was man liebt und wovon man sich verraten glaubt, es zu erwürgen und im krampfhaften Festhalten für immer zu verlieren, aber auch allen anderen vorzuenthalten und sich schließlich im Tod wieder mit ihm zu vereinen. Die Begegnung mit diesem eigenen unterdrückten Impuls zur Zerstörung ist es, die uns nicht mehr einschlafen läßt.

Wir haben bisher den dramatischen Krisenfall in den Vordergrund gerückt, der meist den Anlaß für einen Beratungs- oder Therapiewunsch im Kontext der heimlichen Liebe bildet. Die heimliche Liebschaft ist durch bewußte Absicht, durch eine unbewußt determinierte Fehlleistung, durch «wohlmeinende» Dritte oder durch das Wirken des Zufalls bekannt geworden. Aber es gibt auch andere Situationen. Partner suchen Hilfe, weil sie glauben, ein doppeltes Spiel weder länger ertragen noch beenden zu können. Andere haben schon früher Seitensprünge erlebt, fühlen sich jetzt aber durch eine neuartige Qualität überfordert.

Die therapeutische Situation bewegt sich gelegentlich am Rand einer Paradoxie. An sich ist Wahrheit ein zentraler Wert der Psychotherapie, soweit diese psychoanalytisch fundiert ist. In der Analyse geht es darum, daß die Begegnung mit der Wahrheit das Ich reifen läßt und es kräftigt. Die Wahrheit führt dazu, daß Symptome zurücktreten, die sich aus Verdrängungen ergeben. Der neurotisch Erkrankte kann die Realität seiner eigenen Wünsche nicht zulassen, weil sie ihm nicht gut genug erscheint für seinen idealen Anspruch. Er kann sich nicht zu seiner Lust oder Wut bekennen und dann entscheiden, entweder auf den Triebwunsch zu verzichten oder ihn zu befriedigen, in jedem Fall aber zu erkennen, daß er da ist und das Ich nicht so erhaben, wie es sich dünkte.

Nehmen wir eines der Beispiele aus den «Studien über Hysterie», die 1995 ihren hundertsten Geburtstag hatten: die Frau, welche beim Tod ihrer Schwester mit einer seelisch bedingten Lähmung den Gedanken abwehrte, nun sei ihr Schwager frei und könne sie heiraten. Sie kann nach der Erkenntnis der Wahrheit wieder gehen, aber sie wird nicht mehr gleichzeitig den erotischen Wunsch und die Rolle der Tugendhaften aufrechterhalten können, die beide in der Lähmung verschlüsselt sind. Das heißt, sie muß einen Preis bezahlen. Es ist der Preis, den uns alle die Auseinandersetzung mit unseren Trieben und mit der äußeren Realität kostet, es ist nicht der Preis des Symptoms, das hilft, eine Situation unentschieden in der Schwebe zu lassen.

Die heimliche Liebe leidet unter einer Öffentlichkeit, in der trivialisierte Formen der Tiefenpsychologie eine große Rolle spielen. Wenn Wahrheit heilsam ist, kann ich doch von meinem Liebespartner Wahrheit verlangen. Dann ist diese Wahrheit in jedem Fall das Beste, was er mir geben kann. Alles andere ist minderwertig, Kompromiß, Ersatz.

Das ist richtig und falsch zugleich. Zunächst einmal ist es falsch, «Wahrheit um jeden Preis» zum Therapeutikum zu erklären. Die Psychoanalyse meint das keineswegs. Wahrheit, die heilsam sein soll, braucht einen Kontext, braucht Takt, braucht Wissen darüber, ob das Ich gegenwärtig neue Erkenntnisse überhaupt verarbeiten kann. Wer Wahrheiten ohne solche Rücksichtnahme den Leuten an den Kopf wirft, muß sich nicht wundern, daß sie öfter verletzt als gefördert werden. Freud sprach in solchen Fällen von «wilder Analyse»; als Beleg zitiert er einen jungen Arzt, der einer eben verwitweten Frau, die ihn wegen nervöser Beschwerden konsultierte, nach wenigen Minuten sagte, ihre Symptome seien durch einen Mangel an sexueller Befriedigung bedingt. Sie solle künftig onanieren oder sich einen Liebhaber anschaffen.

An dieser Situation läßt sich ein wesentlicher Gedanke verdeutlichen, der die Bedingungen für eine heilsame

Wahrheit genauer fassen kann. Die Wahrheit darf sich nicht durch Verleugnungen behaupten wollen; sie muß sich an der Einsicht in die Kräfte orientieren, welche das Beziehungsfeld bestimmen. Im Fall der jungen Witwe war es die Trauer, welche zu ihrem Verlust gehörte, und die Scham, die von einer Frau unter solchen Umständen zu erwarten ist. Der junge Freud-Schüler, der so zauberlehrlingshaft argumentierte, hätte daran denken sollen, daß ohne eine Vertrauensbeziehung die Erkenntnisse über das Unbewußte nicht wirklich angenommen werden können, wenn sie den Forderungen des Gewissens oder der Scham widersprechen.

In dieser «wilden Deutung» wurde nicht die Methode der Analyse, sondern eines ihrer Resultate angewendet und Freud selbst als Autorität für solche Fälle zitiert. Dadurch konnte es geschehen, daß sich die Patientin nicht verstanden fühlte, sondern mißbraucht. Sie sollte im System des jungen Eiferers ihren Platz finden und durch schnelle Folgsamkeit seinen Scharfsinn bestätigen, ohne in ihrem inneren Konflikt Hilfe zu finden.

Die Teilwahrheit kann also in einen Widerspruch zur ganzen Wahrheit geraten. In solchen Fällen ist Zurückhaltung angebrachter als ein schnelles Urteil. Bei der heimlichen Liebe geht es vor allem um die Wahrheit der Illusions- und Schonungsbedürfnisse. Die Beteiligten müssen lernen, ihre Grenzen zu erkennen und zu respektieren. Die Erwartung, bei einem eifersüchtigen Liebespartner Verständnis und Zuspruch zu finden, weil man ihm ein Liebesverhältnis endlich gestanden hat, ist illusionär. Aber das ist auch der Anspruch darauf, liebevollen Umgang ausschließlich für mich reserviert zu haben.

Noch kniffliger als der Umgang mit der Wahrheit ist jener mit der Lüge. Es ist jedem nachdenklichen Menschen klar, daß die ganze nackte Wahrheit in keiner Beziehung zu den besten Ergebnissen führt. Sie muß durch Takt gemäßigt werden; immer alles zu sagen, einfach weil man's empfindet, ist distanzlos, eher ein Zeichen von Rücksichtslosigkeit als von Sympathie. Die Übergänge von Höflichkeit und Lüge sind fließend, wenngleich der Vers in Goethes «Faust» übertreibt («Im Deutschen lügt man, wenn man höflich ist»).

Höflichkeit und Takt dienen dazu, Konflikte schon in einem Vorfeld durch Rücksicht und Einfühlung zu verhindern. Die Liebesbeziehung ist in der Moderne manchmal als Ort angesprochen worden, wo die gleißnerische Maske der Höflichkeit abgenommen wird. Das ist nicht falsch, aber auch nicht so zu verstehen, wie es oft verstanden wird: daß hier die in Arbeitsbeziehungen selbstverständlichen Formen der Rücksichtnahme und Einfühlung überflüssig sind.

Es ist unhöflich, jemanden zu einer Unhöflichkeit zu zwingen. Unter diesem Aspekt sind bei der Lüge in einer Liebesbeziehung immer zwei Personen zu betrachten: jene, die sie ausspricht, und jene, die sie vermeintlich oder tatsächlich fordert. Die Lüge ist eine Waffe. Wie es berechtigten Einsatz von Waffen in Notwehr ebenso gibt wie unberechtigten in Raub, Erpressung und Nötigung, kann auch eine defensive Lüge von einer aggressiven unterschieden werden. Freilich ist diese Unterscheidung oft ähnlich umstritten wie die, ob eine militärische Aktion als Angriff oder als Verteidigung zu bewerten ist.

Ein Kind, das seine Eltern über eine schlechte Schulnote belügt, weil es fürchtet, sonst geschlagen zu werden, handelt aus anderen Motiven als ein Kind, das seine Schulnote durch eine Lüge aufbessert, um eine Belohnung zu kassieren. Der taktvolle Umgang mit der heimlichen Liebe sieht so aus, daß A keinen Grund zu einem Verdacht gibt und B weder Druck ausübt noch eine detektivische Jagd beginnt. In solchen Fällen ist die Lüge überflüssig. «Es wird spät. Ich komme um zehn Uhr nach Hause!» – «In Ordnung, mach's gut!»

Anders, wenn eine Gegenfrage kommt: «Was machst du denn so lange? Steckt da ein anderer Mann dahinter?» Jetzt ist es schwieriger, bei der Wahrheit zu bleiben. Eine Lösung wäre, eine Beziehungsdebatte zu beginnen: «Traust du mir nicht? Wollen wir uns gegenseitig kontrollieren?» Aber Beziehungsdebatten gehen in die Tiefe und kosten Zeit. Nur wer eine naiv-idealistische Position vertritt, wird sagen, daß Beziehungsdebatten immer sinnvoll sind. Jetzt liegt es nahe, der Kontrollfrage mit einer Ausrede – der mildesten Form der Lüge – zu begegnen: «Du weißt, wir haben diesen neuen Auftrag, das geht nicht ohne Überstunden!» – «Du weißt, ich muß mit den Kollegen aus der Projektgruppe zum Weihnachtsessen!»

Je offensiver die Lüge ist, desto mehr wird sie, einmal durchschaut, die Kontrolle reizen; je eindringlicher die Kontrolle auftritt, desto mehr muß sich die Lüge ausbauen und panzern. Die biblische Rede, daß dem, der hat, gegeben wird, dem aber, der nicht hat, genommen, wird oft beifällig zitiert, obwohl sie unserem Gerechtigkeitsempfinden widerspricht. Das liegt daran, daß unser Erleben von Gefühlsbeziehungen sie jeden Tag bestätigt. Wer eine liebe- und vertrauensvolle Beziehung hat, wird immer wieder erfahren, daß viele Rückmeldungen ihn in diesen Gefühlen bestätigen und aufbauen. Wer hingegen zweifelt, mißtrauisch kontrolliert, bei der geringsten Enttäuschung entwertet, der wird in seinen Bemühungen immer wieder bekräftigt. Wer viel spioniert und überprüft, ob ein Partner auch die Wahrheit sagt, wird fast immer auf ausgearbeitetere Lügengebäude und raffiniertere Täuschungsmanöver stoßen als jemand, der viel vertraut und toleriert.

Der Mißtrauische hat also mehr Gründe, noch mißtrauischer zu werden, als der Vertrauensvolle. Wenn der Mißtrauische entdeckt, daß er belogen wurde, wird er sich – je raffinierter die Täuschung war – um so mehr bestätigt fühlen. Wenn hingegen jemand hintergangen wurde, der vertraut, kann er durchaus in den Mühen der Verheimlichung einen liebevollen Versuch erkennen, ihn zu schonen.

Allerdings wäre es zu einfach, nun «Mißtrauen» und «Vertrauen» als reine Einstellungstypen aufzufassen, die sich jeweils durch ihre Konsequenzen aufbauen und bestätigen. In jeder realistischen Beziehung mischen sich beide Haltungen. Wer mit der Wirklichkeit zurechtkommen will, braucht beides, er kann vertrauen und mißtrauen, ist fähig, sowohl angesichts eines Liebespartners zu erkennen, wo er vertrauen und wo er mißtrauen sollte, als auch die Menschen, mit denen er umgeht, in ihrer Vertrauenswürdigkeit einzuschätzen.

Die Frage, ob ich meinem Partner vertrauen kann oder mißtrauen muß, drückt eine unvollständige Differenzierung aus. Antworten sind hier nicht grundsätzlich, sondern situationsbezogen möglich, wobei noch einmal zwischen Gefühl und Urteil zu unterscheiden ist. Ohne das Gefühl, vertrauen zu können, ist eine Liebesbeziehung sehr schwierig. Gefühle sind situativ: Ich fühle mich geborgen, wenn ich mit meinem Partner zusammen bin. Ich schließe daraus, daß ich mich auch auf ihn verlassen kann, wenn er verreist: Er wird wiederkommen, und ich werde mich wieder so geborgen fühlen; es gibt keinen Grund, diese emotionale Einstellung zu ändern.

Ich kann nun urteilen, daß ich mich nicht ganz darauf verlassen kann, daß meine Partnerin mir treu bleibt, wenn sie am Abend in der Hotelbar einen attraktiven Mann kennenlernt. Und ich kann urteilen, daß sie diese Bekanntschaft auf einige Nächte beschränken wird, um sich dann, wenn sie zurückkommt, in der gewohnten, vertrauenstiftenden Weise mir zuzuwenden. Ich kann auch urteilen, daß sie die Reisetage benutzen wird, um sich mit einem Jugendfreund zu treffen, mit dem sie gelegentlich Briefe tauscht. In all diesen Fällen können meine Urteile mein Grundvertrauen erhalten; sie können es aber auch gefährden. Sie werden das um so mehr tun, je weniger ich mir selbst vorstellen kann, in ihrer Lage ähnlich zu handeln, mir meinen Spielraum zu nehmen und dann wieder in die häusliche Geborgenheit zurückzukehren.

Wenn ich meine Frau nach jeder Reise verhöre und befrage, wen sie getroffen hat; wenn ich durch Kontrollanrufe versuche herauszufinden, ob sie pünktlich und allein zu Bett geht, bin ich selbst eine Quelle des Mißtrauens. Ich erkläre so eine Vertrauensbeziehung für unmöglich – ich muß der einzige sein, sonst bin ich gar nichts. Auf diese Weise suche ich meine Partnerin zu zwingen, meine Beziehungsvorstellung zu übernehmen, wobei natürlich keineswegs sicher ist, daß ich nach dem Motto «Männliche Seitensprünge sind ja etwas ganz anderes» meinerseits mich so verhalte, wie ich es von ihr fordere.

Es ist zu erwarten, daß ich nun entweder Folgsamkeit ernte (die etwas weniger Wertvolles ist als Liebe, aber mich vielleicht doch mehr beruhigt als die Ungewißheit, ob ich attraktiv bleibe, wenn sich meine Frau anderen Männern nähert) oder aber Trotz. Dann wird sie um so sorgfältiger ihre Spuren verwischen, wie ich nach diesen suche; jede(r) von uns wird den/die andere im Mißtrauen bestärken, und im Versuch, durch Kontrolle Vertrauen herzustellen, geht es verloren. Die Toleranz für heimliche Liebe in einer Beziehung sagt also viel aus über die Qualitäten des Vertrauens.

Ist diese Lebensform attraktiv? Jene, die in den selbstbereiteten Höllen der Eifersucht leiden, mögen sie als ein Paradies ansehen. Aber gemessen an unserem Liebesideal, das ein Ideal symbiotischer Verliebtheit ist, kann eine vertrauensvolle Liebesbeziehung, in der ein oder beide Partner auch heimliche Liebschaften haben, nur wirken wie ein Wurm neben einem Schmetterling. Da ist viel Arbeit zu leisten, da müssen widersprüchliche Wünsche abgestimmt, muß ein Teil von ihnen durch Verzicht erledigt werden. Es ist notwendig, zu differenzieren, sich weder in der einen noch in der anderen Richtung gehen zu lassen; es gibt eine Zeit und einen Ort für Hingabe, für Selbstvergessenheit und eine Zeit und einen Ort für Aufmerksamkeit und Selbstkontrolle.

Das heißt, die Sehnsucht, man könnte einem Menschen alles geben und von ihm alles bekommen, muß überwunden sein. Sie bringt uns immer in einen Widerspruch, denn das Angebot, das wir uns vorstellen, ist das der idealen Elternbeziehung; wir sind aber erwachsen geworden und dadurch so autonom, daß wir die Abhängigkeit gar nicht mehr verarbeiten können, in die uns eine wirkliche Elternbeziehung versetzt. Daher liegt die destruktivste Umgangsart mit der Seitenbeziehung dicht neben dem Ideal der großen, umfassenden Liebe: dem Anspruch, ein

Partner, der «wirklich liebt», müßte einem doch auch noch in der emotionalen Unsicherheit helfen können, die durch eine neue Verliebtheit entstanden ist.

Margot kommt in einer heftigen depressiven Krise mit Angstzuständen und Schlaflosigkeit, weil sie einen Brief von einer Frau erhalten hat, die sie bittet, doch ihrem Mann Karl zu helfen. Er sei so unsicher, ob er sich von Margot trennen und mit ihr zusammenleben oder bei seinen Kindern bleiben solle. Und er habe sie gebeten, doch einmal mit Margot zu sprechen, weil er selbst sich nicht getraue, ihr von seinem neuen Verhältnis etwas zu sagen. Sie selbst sei ohnehin der Meinung, daß eine verantwortungsvolle Frau keinen Vater von seinen Kindern wegholen dürfe. Karl habe ihr sogar Fotos gezeigt, es seien wirklich ganz reizende Kinder. Margot solle sich also keine Sorgen machen, sie werde ihr nichts wegnehmen.

Karl behauptet später, er habe von diesem Brief nichts gewußt und ihn so auch nicht gewollt. Aber er gibt in der Beratung zu, daß er im Gespräch mit seiner Geliebten die Hoffnung geäußert habe, Margot werde alles verstehen und akzeptieren, er sei ja auch überzeugt gewesen, daß Margot nichts weggenommen würde. «Meine Ehe ist doch gut, das heißt, sie war es, bis Margot diesen Brief bekommen hat. Da ist sie ganz durchgedreht, ich hab sie nicht wiedererkannt, sie hat mich hinausgeschmissen, ich sollte im Gästezimmer der Kanzlei schlafen. Gut, daß wir es eingerichtet haben, aber das ist doch kein Zustand! Die Sekretärinnen werden es irgendwann merken, und ich halte es auch nicht aus, die Kinder nicht mehr zu sehen. Sie hat ja mit Ihnen gesprochen, wissen Sie, ob sie sich scheiden lassen wird? Das wäre schrecklich, das will ich doch gar nicht. Aber jetzt Maria verlassen, das geht doch auch nicht, da wäre ich ein Waschlappen, ein Pantoffel-held, nur weil sie pfeift, soll ich springen. Manchmal denke ich daran, mich umzubringen, dann sieht sie, was sie angerichtet hat. Aber das tue ich nicht ... Meine Ehe war wirklich gut, auch wenn Sie es nicht glauben. Ich hab zwar immer wieder im Fasching was mit anderen Frauen gemacht, Margot aber auch, mit Männern natürlich, es war aber immer gleich wieder aus. Wir haben noch immer Freude daran, miteinander zu schlafen, das ist doch auch nicht selbstverständlich nach zwanzig Ehejahren!»

Durch den Brief ist eine langjährige Stabilität verloren-gegangen. Die heimliche Liebe hat diese Ehe nicht erschüttert; die Veröffentlichung, der Versuch von Ma-ria / Karl, gegenüber Margot als das neue Liebespaar auf-zutreten, das nun ihren mütterlichen Segen wünscht, stürzt Margot in eine Krise, in der sie das am wenigsten aufrechterhalten kann, was Karl am meisten von ihr möchte: ihre mütterlichen Qualitäten. In jeder alltags-tauglichen Beziehung entsteht eine Mischung, eine mehr oder weniger stabile Legierung aus idealisierenden und realistischen, aus Elementen der mütterlich-väterlichen Versorgung, der kindlichen Befriedigung, des erwachse-nen sexuellen Austauschs. Diese Legierung hat sich ange-sichts der Anfrage Marias entmischt.

Margot fühlt sich wie ein verlassenes Kind und urteilt wie eine strenge Gouvernante: Wie kann Karl so ah-nungslos, so unverantwortlich sein, einer Rivalin Fotos der Kinder zu zeigen und sie zu einem solchen Brief zu er-mutigen! Wie kann er sie so entwerten! Was hat er sich nur dabei gedacht! So unreif kann er doch gar nicht sein! Wie Karl die Einfühlung in die Kränkbarkeit und die Be-dürftigkeit Margots verloren hat, die von ihm doch als

Frau und nicht als Mama bestätigt sein möchte, so verliert Margot die Einfühlung in die Kränkbarkeit und Bedürftigkeit von Karl, wenn sie nun ihn entwertet und aus der gemeinsamen Wohnung wirft. Und Karl, der schon große Prozesse durchgefochten hat, läßt sich von seiner zornigen Margot widerstandslos aus der Familie entsorgen.

Wenn sich Margot und Karl heute wieder versöhnt haben und weiter zusammenleben, ist der Anteil der Hilfe des Beraters an dieser Entwicklung schwer abzuschätzen. Er hat versucht, zunächst in Einzelsitzungen mit Margot und mit Karl die Situation zu erkennen und dann in einigen gemeinsamen Sitzungen das Paar wieder auf eine Verhandlungsgrundlage zu bringen. Der Berater ist dabei zum Teil der neutrale Dritte, der den Rahmen – Ort und Zeit – für ein Gespräch ermöglicht, in dem seine Präsenz allein schon eine Forderung ausdrückt, sich nicht allzusehr gehen zu lassen.

Im Fall von Margot und Karl war es erst durch seine Anwesenheit für die beiden wieder möglich, miteinander zu sprechen, ohne sofort in Rechtfertigungen und / oder Vorwürfe zu geraten. Zerstrittene Paare lernen wieder, einander zuzuhören und gemeinsam nach Lösungen zu suchen. Dadurch wird der Berater zu einer Art Depot, in das Gefühle gelegt werden, die anzunehmen dem fremd gewordenen Partner nicht zugetraut wird. Indem der Berater gelegentlich aus den Inhalten dieses Depots etwas in dosierter Form einwirft, kann er die Fähigkeiten der Partner wiederbeleben, sich ineinander einzufühlen und sich nicht sogleich durch die Einfühlungswünsche des Partners unterdrückt oder manipuliert zu fühlen.

Es ist vielleicht deutlich geworden, daß der Berater eine gestörte Beziehung nicht heilen kann. Er kann nur günstige Bedingungen für die Selbstheilungskräfte in dem Paar schaffen, die vor allem mit einem Raum für Unterscheidungen und Verknüpfungen zusammenhängen. Die Partner müssen unterscheiden lernen, welcher ihrer Wünsche die Beziehung erfüllt und welcher sie nicht erfüllt. Sie müssen auch lernen, die von ihnen erwünschten und geliebten Seiten des Partners / der Partnerin mit den unerwünschten und nicht liebenswerten zu verknüpfen. Wenn Margot ihren bis vor wenigen Tagen noch geliebten Mann Karl plötzlich nicht mehr um sich ertragen kann, dann heißt das nicht, daß Karl ein anderer geworden ist. Es heißt, daß Margot etwas von Karl weiß, was sie bisher nicht wußte und was ihr gesamtes Bild von Karl in Frage stellt, obwohl es nur einen Ausschnitt seiner Person spiegelt. In der therapeutischen Arbeit kann Karl lernen, was an seinem Verhalten Margot so verletzt hat und wie er solche Verletzungen künftig vermeiden oder lindern kann. Er erwirbt ein Stück Autonomie: Er muß seinen eigenen Weg zwischen Maria und Margot finden, er kann nicht erwarten, daß Maria durch ihre Angebote an Margot ihm diese eigene Abgrenzung erspart.

Seine Abtretung an Maria und indirekt an Margot, Karl unter ihnen beiden aufzuteilen, kann nicht funktionieren. Margot spielt nicht mit. So ist Karl von Margot ebenso überrascht wie sie von ihm; er muß ebenso mit neuen Aspekten der Ehe umgehen wie sie. Ein Beratungsziel ist es, möglichst klar zu erkennen, daß weder Margot noch Karl «böse» sind, obwohl sie sich wechselseitig so erleben. Karl will auf seine Weise die Liebe zu Margot und jene zu Maria miteinander versöhnen; das ist unrealistisch, aber nicht schlecht. Margot will durch ihren wütenden Rückzug ein für allemal jene Seiten von Karl, die mit Maria zu tun haben, aus ihrem Leben hinauswerfen. Vielleicht will sie andererseits auch das von Karl behalten, was sie bisher schätzte. Auch das ist nicht böse, sondern unrealistisch.

In Karls Phantasie ist Margot wütend, strafend und streng. In Margots Phantasie ist Karl treulos, verantwortungslos, gleichgültig. Beide Phantasien bestimmen das Verhalten, obwohl sie viele Aspekte der Wirklichkeit des Gegenübers ausblenden. Beide Phantasien müssen überprüft werden, wenn die Beziehung eine Chance haben soll.

Im anderen Fall, wenn es bei der negativen Idealisierung bleibt – wenn also Margot Karl für nur treulos und gleichgültig halten will und Karl Margot nur für strafend und mißgünstig –, führt die Krise zur Trennung. Der Berater kann die Trennung nicht verhindern, aber er kann sie erleichtern, indem er in derselben Weise, in der er hilft, zwischen Beziehungsphantasie und Beziehungsrealität zu unterscheiden, auch das Trennungsthema bearbeitet und versucht, den Schaden klein zu halten, den negative Idealisierungen anrichten können.

Sie sind es ja, die den Liebespartner aus dem Engel, für den man glaubt, alles getan zu haben, in einen Teufel verwandeln, dem nichts mehr zukommt. Wer beobachtet hat, wie liebevolle Väter lieber ihre Kinder darben lassen und ihre gutbezahlte Stellung aufgeben, als ihrer geschiedenen Frau den ihr zustehenden Unterhalt zu zahlen, oder wie sanfte Gattinnen ihren einst geliebten Mann rupfen und ausnehmen wie eine Weihnachtsgans, der weiß um die Gefahren des Verhaßtseins, das der Verliebtheit in Unvernunft und Hartnäckigkeit nicht nachsteht.

Eine interessante Rolle spielt in der Geschichte von Margot und Karl die Geliebte Karls, Maria, welche an

Margot den Brief geschrieben hat, der die Krise auslöste. Sie ist wahrscheinlich von dem, was sie angerichtet hat, ebenfalls sehr überrascht. Der Betrachter gewinnt oft, wenn es um die erste Begegnung Erwachsener mit Eifersucht geht, den Eindruck, daß dieser Affekt sehr tief verdrängt war. Er gehört zu den peinigenden Gefühlen der Kindheit und wird daher der Pseudosouveränität und Intellektualisierung der Pubertät und Adoleszenz in einer Weise geopfert, die jede Erinnerung an ihn auslöscht. Wahrscheinlich steckt in Marias Verhalten auch ein ihr nicht zugängliches Stück Aggression gegen Margot und Karl. Die beiden haben etwas miteinander, das ihr fehlt: die Kinder, die lange, gemeinsame Geschichte. So stellt Maria alle Fähigkeiten weiblicher Einfühlung in den Hintergrund und übernimmt Karls Ausreden als die Wahrheit über das Paar Margot / Karl. Denn wie die meisten Menschen, die einer heimlichen Liebe frönen, stellt Karl gegenüber Maria seine Beziehung zu Margot vernünftiger, leidenschaftsloser, entsexualisierter dar, als sie in Wahrheit ist.

Margot, die Mutter der Kinder, wird auch zu Karls Mutter, sie läßt ihn ziehen, sie zieht selbst in ihre Faschingsabenteuer. Und Maria, die das Verheimlichen lästig findet, weil sie auch gerne mal mit Karl in Urlaub fahren und ihn nicht mehr nur bei den sogenannten Arbeitsessen oder gelegentlich am Nachmittag treffen will, schlägt Karl vor, doch Margot auf die Rolle festzulegen, die er ihr zugeschrieben hat, um sich vor Maria zu rechtfertigen. Da kann Karl schlecht nein sagen, er müßte sich selbst widersprechen, geriete aus seiner Rolle als lieber, großer Junge, der sich bemüht, den Frauen zu gefallen, auch wenn es ihm ein Rätsel ist, wie sie empfinden.

Im Grunde traut Karl Maria mehr zu, mit Margot umzugehen und mit ihr klarzukommen, als sich selbst. Und diese Abtretung seiner Verantwortung ist es, die Margot als die tiefste Kränkung empfindet. In ihrer Therapie erkennt sie allmählich, wie sehr sie zu dieser Entwicklung beigetragen hat, weil sie Karl emotional sehr versorgt, die Beziehungsverantwortung für ihn übernommen hat.

Sie lernt zu sehen, daß die scheinbare Gleichgültigkeit Karls nicht das ist, was solches Verhalten wäre, wenn Margot sich so verhielte. Ihr fiele es nie und nimmer ein, einem ihrer Liebhaber zuzutrauen, er könne mit Karl besser umgehen als sie selbst. Aber die Intensität, in der sie sich um die Beziehung zu Karl kümmert, enthält auch viel Kontrolle, drückt Margots Unsicherheit aus, ob sie ohne solchen Einsatz genügend liebenswert wäre. So ist Karl, nicht anders als viele Männer, recht verwöhnt, was das Beziehungsmanagement durch Frauen angeht, und hat redlich Mühe, diese Aufgabe wieder in die eigene Kompetenz zurückzugewinnen.

Jede Dreiecksbeziehung enthält auch einen gleichgeschlechtlichen Aspekt. Im sogenannten «homosexuellen Triangel» bringt ein Mann seinen besten Freund dazu, mit seiner Frau zu schlafen: Auf diesem Umweg befriedigt er sexuelle Wünsche, die sich auf diesen Mann richten. In dem beschriebenen Fall sucht Maria die Nähe Margots, will an ihrem und dem Leben ihrer Kinder teilhaben. Es geht wohl weniger um Erotik als um Rechtfertigung, um Entlastung von dem Gefühl, einer anderen Frau gegenüber unsolidarisch zu handeln.

Als Frau steht Maria Margot näher als Karl. Zu ihm aber hat sie die heimliche Beziehung, ihn will sie der Rivalin unbewußt auch wegnehmen, will ihr zeigen, daß sie die Geliebte ist, nicht Margot. Das heißt, daß in einer solchen Kontaktaufnahme zwischen Geliebter und betrogener Ehefrau meist ambivalente Gefühle eine Rolle spielen und die deklarierte Absicht, die Bekundung, nichts wegnehmen zu wollen, das Gegenteil verbergen kann. Denn wie es so oft ist mit Bekundungen: Man fragt sich, welchem Zweck sie dienen, wenn nicht dem, zu verleugnen, was sie doch auch ausdrücken. Wenn Maria Margot nichts wegnehmen will, dann kann sie einfach so handeln, daß sie ihr nichts wegnimmt. Wenn sie aber Margot ausdrücklich erklärt, sie wolle ihr nichts wegnehmen, dann steckt dahinter ein Impuls, gerade das zu tun, was so ausdrücklich verneint werden muß. Maria fürchtet unbewußt, Karl wegnehmen zu wollen und diesen Wunsch nicht mehr alleine kontrollieren zu können. So weckt sie Margot als Grenzzieherin und strenge Richterin gerade durch ihre Bemühung, sie als tolerante Freundin zu gewinnen.

Das Ergebnis der brieflichen Kontaktaufnahme sieht entsprechend aus. Karl bricht für eine Weile mit Maria, weil er Margots Angst und Depressionen fürchtet und erst einmal wieder Ruhe in seiner Ehe finden will. Später wird er vielleicht versuchen, mit Maria wieder Kontakt aufzunehmen, diesmal mit mehr Wissen darüber ausgerüstet, was er in seiner Beziehung zu Margot sagen und was er verschweigen muß. Und Maria wird ebenfalls klüger geworden sein. Vielleicht hat sie erkannt, daß sie nicht von einem gebundenen Mann das haben kann, was ihr ein freier geben wird. So kann die Krise ein wenig mehr Klarheit geschaffen haben. Wie Wanderer auf einem zugefrorenen Gewässer, die zu unvorsichtig waren und einbrachen, werden dann Karl, Margot und Maria ihre Wege fortsetzen, eine Weile noch frierend und durchnäßt, aber schließlich doch erleichtert, daß sie nicht unter das Eis geraten und ertrunken sind.

Viele Menschen, die allein oder im Partnerkonflikt der heimlichen Liebe begegnen, fühlen sich, als stünden sie vor einem Scherbenhaufen. Die Illusion ewiger Treue und Harmonie ist zersprungen, und mit ihr das Glück. Doch ist ein gegensätzliches Gefühl ebenso angebracht: Die heimliche Liebe ist eine Herausforderung. Sie gleicht dem Sturm, ohne den Schiff und Mannschaft nie beweisen können, was sie wirklich zustande bringen. Bei schönem Wetter und Rückenwind ist leicht segeln. Wer von einem Orkan geschüttelt wird, sehnt sich nach der Flaute zurück, die ihn eben noch gelangweilt hat.

Während jeder weiß, daß hochseetüchtige Boote einem Sturm standhalten, sind wir bei unseren Beziehungen längst nicht so sicher. Das liegt daran, daß wir milde Brise und stürmische See sachlich beurteilen, während wir dazu neigen, die heimliche Liebe moralisch abzuwerten und den Treuebruch nicht als Problem, sondern als Versagen anzusehen. Dem ist entgegenzuhalten, daß die durchschnittlich gute Partnerschaft ohne weiteres einige heimliche Liebschaften verkraften kann. Es ist auch sinnvoll, die heimliche Liebe nicht nur am Ideal der erfüllten und glücklichen Partnerschaft zu messen, sondern auch an Möglichkeiten, die alle Beteiligten mehr belasten. Zu denken wäre etwa an Depressionen, die der erzwungenen Unterdrückung aller Wünsche folgen, an ständige Konflikte, weil der Partner als Hindernis zum größeren, aber nie erprobten Glück erlebt wird, schließlich an die überhastete Trennung im Feuer einer Verliebtheit.

Auch hier hilft der Vergleich mit dem Boot. Stürme sind ein normales Phänomen. Jeder ausgebildete Kapitän weiß mit einem durchschnittlich starken Sturm umzugehen. Erst wenn sein Schiff einen Schaden hat oder der Sturm sich zum Orkan steigert und viele Tage lang keine Ruhe gibt, wird es für Boot und Mannschaft gefährlich. Je mehr sich die Besatzung erschöpft hat, desto weniger ist sie in der Lage, die anfallenden Belastungen auszugleichen. Es gibt Stürme, die alle Boote beschädigen; sie sind jedoch selten. Es gibt Boote, die nur noch im Sturm gesegelt werden, denen die notwendigen Ruhephasen fehlen, in denen Reparaturen vorgenommen werden und die Mannschaft sich erholen kann. Sie werden nicht unbegrenzt durchhalten, sondern früher oder später untergehen. Die unterschiedlichen Formen der heimlichen Liebe verkörpern naturgemäß auch sehr unterschiedliche Herausforderungen an die Steuerkunst der Zweiercrew.

Die einfachste Form der heimlichen Liebe ist der *one-night-stand*. Die Liebenden lernen sich kennen, flirten über kürzere oder längere Zeit, gehen miteinander ins Bett, lernen sich auch hier kennen und trennen sich nach dieser Erfahrung, weil sie sonst Komplikationen fürchten. Der *one-night-stand* ist vielleicht nur ein verlängerter und intensiver Flirt, vielleicht ist er auch der Beginn einer Beziehung – wie immer bei den Annäherungs-Rückzugsspielen des Flirts wissen es die Betroffenen erst nachher. Das Motto ist «Einmal ist keinmal». Die Frage, die oft entsteht, lautet dann: Wie oft lassen sich Treffen nach dem Motto «Einmal ist keinmal» aneinanderreihen, ohne daß man ernstlich zweifeln muß, ob es noch gilt?

«Einmal ist keinmal» läßt sich auch im Fall einer Aufdeckung der heimlichen Liebschaft am besten gegenüber dem vertrauten Partner rechtfertigen. Die eine Nacht war etwas wie ein Ausprobieren, um zu erkennen, daß es zu Hause doch besser schmeckt. So läßt sich von hier aus auch am leichtesten der Rückweg zu der Geborgenheitsillusion finden, die Paare für ihre Ruhe brauchen: daß beide füreinander die «besten», die liebevollsten, lustvollsten aller erreichbaren Partner(innen) sind.

Weil der heimliche Akt nie wiederholt wurde und angeblich von Anfang an klar war, daß er nie wiederholt werden würde, bleibt dem Partner die unangenehme Aufgabe erspart, entweder seine Eifersucht zu unterdrücken («Du mußt wissen, ob du so was willst!») oder aber dort zu kontrollieren, wo er doch freiwillig geliebt sein möchte («Ich verzeihe dir, aber wenn du noch mal dorthin gehst, ist Schluß!»). Manche Paare scheitern bereits an dieser Herausforderung. Es ist für einen der Beteiligten unerträglich, sich vorzustellen, daß sexuelle Intimität auch mit Dritten möglich ist. Soziale Traditionen (etwa des orientalischen Patriarchats mit Jungfräulichkeitskult) können diese Tendenz verstärken. Schließlich genügt nach dieser Tradition eine einzige Liebesnacht, um eine attraktive Braut in eine verachtete Hure zu verwandeln.

Obwohl solche Überlieferungen fragwürdig geworden sind, sollte man ihre Macht bei Männern nicht unterschätzen, die aus Familien mit starken religiösen – vor allem islamischen – Orientierungen kommen.

Ich erinnere mich an einen Griechen, der in Deutschland sein Studium abgeschlossen und eine Deutsche geheiratet hatte. Im Haushalt dieses sonst ruhigen Ingenieurs, der in einer Firma ein Sachgebiet leitete, durfte nie einer der Männer erwähnt werden, die seine Frau vor der Ehe gekannt hatte. Er wurde sonst rasend eifersüchtig. Undenkbar, daß er eine heimliche Liebe während der Ehe hätte verzeihen können.

Solche Idiosynkrasien legen einen wesentlichen Gesichtspunkt und einen Einwand gegen eine naive Bewertung der heimlichen Liebe nahe. Mit ihr zu spielen ist gefährlich; sie zu vermeiden aber auch. Wenn die Frau eines Mannes, der in der Gegenwart den orientalischen Despoten spielt, diesen hintergeht, weiß sie um das Risiko und stellt unter Umständen auch die Beziehung auf die Probe: Er soll herausfinden, ob er sie seiner Eifersucht opfern oder sich besinnen will. Aber es gibt keine Garantie, daß Herausforderungen bewältigt werden. Nachher sind alle Beteiligten klüger, häufig allerdings nicht glücklicher.

Daher sind auch rein formale Gesichtspunkte in der Unterscheidung heimlicher Liebesverhältnisse unsinnig. Wesentlich ist, wie sie motiviert sind und wie die Partner diese Motivation interpretieren. Wenn Mann wie Frau Spaß daran finden, gelegentlich ein sexuelles Abenteuer zu erleben, werden sie bessere Chancen haben, die gleichen Bewertungen zu finden. Wenn nur ein Partner den Seitensprung schätzt, ist diese Verständigung ungleich schwieriger. Der Kompromiß muß erst erarbeitet werden, in dem dann beide Meinungen Platz haben. «Ich wollte Spaß haben!» – «Nein, du wolltest mich verletzen!» – «Sagen wir: indem ich Spaß haben wollte, habe ich dich verletzt, ohne es zu wollen.»

Ein Dilemma vieler Beziehungen liegt darin, daß einerseits die Sexualität wegen ihrer starken Faszinationen und Lustqualitäten eingeordnet werden muß, wenn sie nicht dauernd als Gefahr erlebt werden soll. Andererseits aber entstehen gerade hier sehr häufig Polarisierungen. Die gleichmäßige Verteilung der Initiative zur sexuellen Aktivität bei beiden Partnern einer langjährigen Beziehung ist eher die Ausnahme als die Regel. Aus diesem Grund ist es oft auch so schwer, sich über die Bedeutung eines Seitensprungs zu einigen, wenn dieser von dem sexuell initiativen Partner ausgeht, der (wie Filippa) nicht einsehen will, weshalb seine Überschüsse an Potenz nicht brachliegen sollen.

Die heimlichste Form der heimlichen Liebe wird nur in Ausnahmesituationen entdeckt: Es ist eine Verliebtheit, die keine erotische Erfüllung sucht, sondern sich mit der Phantasie begnügt. Auffällig sind hier nur die krankhaften Formen des Liebeswahns, in dem ein Partner verfolgt wird, der die Liebende (es ist fast immer eine Frau) insgeheim begehrt, sich aber öffentlich weigert, das anzuerkennen. So lautet ihre Überzeugung. Der angeblich Liebende hingegen ist überzeugt, daß seine Anbeterin verrückt ist – eine Überzeugung, die sie ihm flugs als Beweis seiner verborgenen Liebe auslegt, um so mehr, je energischer er sie vertritt. Aber viel häufiger sind gänzlich im Verborgenen ablaufende Verliebtheiten, die oft das Leben eines Menschen ändern, ohne daß jemals über dieses Gefühl gesprochen wird oder der Gegenstand davon erfährt – es kann ein Schauspieler sein, ein Lehrer, ein Freund der Familie.

9 Die liebevolle und die haßvolle Trennung

Die Verliebtheit verheißt totale Befriedigung: Die Verliebten haben den Eindruck, sich schon lange zu kennen (Goethe fand die schöne Metapher der Seelenerinnerung: «Ach, du warst in abgelebten Zeiten/ Meine Schwester oder meine Frau!»*). Im Alltag erfahren die Partner nun, daß es Bedürfnisse gibt, die nicht abgesättigt werden. Wenn zusätzlich auch die Kommunikation über unterschiedliche Wünsche schwierig ist, weil sie die Harmoniesehnsucht gefährdet, entwickelt sich eine Vorstufe der heimlichen Liebe: eine Phantasie von Befriedigung, die vom Partner losgelöst ist.

Magdalene leidet darunter, daß Peter jeden Abend, wenn beide im Bett liegen und das Licht ausgeschaltet ist, mit ihr den Beischlaf will. Sie fühlt sich von ihm wie ein Posten auf einer Liste behandelt. Sie träumt davon, erobert zu werden, aufregende Stunden zu haben, umworben zu sein. Weil sie jedoch fürchtet, Peter zu kränken, und ihn nach schlechten Erfahrungen mit aufregenden, aber unzuverlässigen und teilweise sadistischen Liebhabern gerade wegen seiner sanften, zuverlässigen, pflichtbewußten Art geheiratet hat, kann sie darüber nicht sprechen. «Er ist ein guter Mann und ein idealer Vater für Verena, ich kann ihn doch nicht zurückweisen!»

* Gedicht an Charlotte von Stein: «Warum gabst du uns die tiefen Blicke ...» (14. 4. 1776).

Solche vom festen Partner bereits abgegrenzten Phantasiebereiche sind der beste Wurzelgrund für den Flugsamen einer heimlichen Liebe. Einsame Sehnsüchte nach Selbstbestätigung, Alltagsflucht, Verjüngung sind schon vordem in ihnen gediehen. Ist der Kamerad gefunden, mit dem geteilt werden kann, was da herangewachsen ist, um so besser und um so gefährlicher. Denn dann ist es für Magdalene nicht leicht, sich als Opfer, als Verführte zu erleben. Solange sie nur ihre Phantasie pflegte, konnte sie sich im Einverständnis mit Peter fühlen. Anfangs, als sie noch gelegentlich darüber sprach, es sei alles so gleichmäßig geworden in ihrer Erotik, nein, nicht daß es ihr nicht mehr gefalle, aber sie wünsche sich ein wenig mehr Aufregung, hatte sich Peter unter Druck gesetzt gefühlt. War sie etwa nicht mit seiner Potenz zufrieden? Ihm gefielen doch auch manchmal andere Frauen, aber er wußte, wo sein Platz war! In den letzten Jahren war Magdalene ruhiger geworden, und Peter freute sich: Sie hatte sich an ihn gewöhnt, sie war zufrieden, sie wollte es nicht anders, sie sagte schließlich nichts mehr.

Magdalene wußte, daß Peter ihr Schweigen so interpretierte und es angenehmer fand als ihre vorsichtigen Andeutungen. Aber sie wußte auch, daß er sich mächtig angestrengt hätte, wenn sie ihn mit der Alternative konfrontieren würde, entweder etwas zu verändern oder einem fremden Liebhaber Zugang in den Bezirk zu gewähren, den er der Brache überlassen hatte. Nur wollte sie das gar nicht mehr, seit sie Richard kannte. Was sollte das auch, einen gequälten und angestrengten Peter, der mit aller Mühe und Selbstvergewaltigung doch nicht zustande brachte, was mit Richard ganz von selbst gelang! Wenn sie sich nur nicht so schuldig gefühlt hätte! Durfte sie sich noch Peter hingeben, ihn zufriedenstellen? War sie dann besser als eine Hure?

Wer nach den wesentlichsten Gründen sucht, die eine heimliche Liebe scheitern lassen, findet solche, die beiden Geschlechtern gemeinsam sind, und andere, in denen sich Männer und Frauen unterscheiden. Gemeinsam sind beiden die symbiotischen Sehnsüchte, der Wunsch, im Partner einen grenzenlos gewährenden Elternteil gerade dann zu finden, wenn das Ich durch den Anprall neuartiger sexueller Wünsche geschwächt ist. Gemeinsam sind beiden auch die Ängste vor dem Verlust der Partnerschaft, vor einer Verletzung der Kinder durch ein zerstrittenes, von Trennung bedrohtes Elternpaar. Gemeinsam sind schließlich beiden auch die Schuldgefühle, einem Partner etwas anzutun, was ihn kränkt, sobald er es erfährt, was ihn aber vielleicht noch mehr kränkt, wenn er erfährt, daß es ihm verheimlicht werden sollte.

Wenn heimliche Lieben scheitern, kann aber noch ein geschlechtsspezifisches Konfliktpotential hinzukommen. Eine seiner Quellen habe ich schon erwähnt: die patriarchalische Tradition, welche die Frau durch den Ehebruch weit stärker entwertet sieht als den Mann. Im Alltag der Beratungsarbeit fallen noch zwei andere Konfliktquellen auf: beim Mann sind es eher Schwierigkeiten, sich in eine Frau einzufühlen; bei der Frau die Unfähigkeit, klugen Umgang mit einer Dreieckssituation von einem extrem negativ besetzten Bild der «berechnenden Frau» gleich Hure zu lösen.

Männer entwickeln beispielsweise eine Vorstellung, daß Frauen einen «sechsten Sinn» haben, um sich für einen Mangel an Feinfühligkeit und Rücksichtnahme auf die Verletzlichkeit ihrer Partnerin zu entschuldigen. Wenn sie ohnehin alles ahnen und spüren, muß man sich keine Mühe geben.

Wenn Magdalene Richard kennenlernt, der ihren geheimen Phantasien nach abenteuerlicher Erotik entgegenkommt, wird es ihr nicht leichtfallen, weiterhin so mit Peter zu schlafen, daß er zufrieden ist. Wenn es so weit gekommen ist, daß für sie die erlaubte Erotik in der Ehe mehr langweilige Pflichterfüllung als aufregende Lust wurde, dann spiegelt das bereits einen Konflikt, mit erotischen Wünschen eine innere Zensur zu überwinden. Das Abenteuer, die äußere Schwierigkeit erleichtern es in der Regel, solche inneren Schranken zu vergessen. Ist aber alles erlaubt, macht plötzlich nichts mehr Spaß.

Man möchte erwarten, daß solche inneren Schranken harmlos sind und – wenn sie schon nicht dem vernünftigen Zureden weichen – doch wenigstens nach einer kürzeren oder längeren Psychotherapie verschwinden. Aber diese Erwartung trügt. In Wahrheit sind es sehr ernst zu nehmende Hindernisse, und es geschieht selten, daß durch die psychotherapeutischen Bemühungen die Erotik in genau jener Intensität in das Ehebett zurückkehrt, die sie in den heimlichen Lieben mühelos zu erreichen scheint. Aber gerade diese Erfahrung spricht gegen die naiv-moralische Annahme, es müßte sich aus dem Liebhaber, der in aller Heimlichkeit so begeistert, der Ehemann machen lassen, der diese Begeisterung endlich in den Alltag hinein fortführt. Vielleicht war der jetzt langweilig gewordene Ehemann auch einmal ein solcher Liebhaber, und durch den Wechsel des Partners wäre nur dem neuen Gut das alte Übel aufgesetzt.

Zu den bösartigsten Einreden gegen die heimliche Liebe gehört es, daß sie zu einer Art innerer, andauernder

Untreue führt. Der oder die Eifersüchtige neigt sehr häufig zu der Phantasie, daß, wer doch intensive Erotik mit einem oder einer Dritten erlebt hat, zu Partner oder Partnerin ungern, mit der Vorstellung einer zweiten Wahl zurückkehrt. Solche Einwände lassen die ekstatische und selbstvergessen machende Beschaffenheit jeder gelingenden Erotik glatt außer acht.

Wer behauptet, mit A zu schlafen sei tausendmal schöner als mit B, kann eigentlich gar nicht mitreden, wenn es um Lust geht: Denn wenn er auch bei seiner Tausendschönen immer noch vergleichen und nachrechnen kann, dann hat er Berauschendes, Ekstatisches noch nicht wirklich kennengelernt. Wer Register anlegt und Liebesspiele vergleicht, wer Zensuren vergibt und andere verdächtigt, ihn zu zensieren, urteilt im Grunde nur über das Maß, in dem Rivalität und Leistungsdenken seine erotischen Bezirke infiltriert haben.

Weder die hier angesprochene ehrgeizige Haltung noch die eifersüchtige ist hilfreich, wenn es darum geht, mit der heimlichen Liebe umzugehen. Das bedeutet nicht, daß nun Ehrgeiz aufgewendet werden sollte, der am meisten von Eifersucht freie Partner zu sein.

Die heimliche Liebe ist nicht nur ein wesentlicher Anlaß für Eifersucht; umgekehrt ist auch die Eifersucht ein Anlaß für die heimliche Liebe: Sie wird verheimlicht, um der Eifersucht des Partners zu entgehen, und sie wird gesucht, um sich vor der völligen Entwertung zu schützen, die darin liegen kann, daß sich ein Partner *zuerst* aus dem symbiotischen Zusammenhalt gegenseitiger Bestätigung löst. Ich erinnere mich an ein Lehrerehepaar, bei dem die Frau irgendwann ihrer dienenden Rolle müde wurde und mit einem Freund der Familie ein intimes Verhältnis begann, von dem sie ihrem Mann nichts erzählte. Er hingegen – «Hier stehe ich und kann nicht anders» – mußte sein sexuelles Abenteuer mit der Ehefrau des Familienfreundes und heimlichen Geliebten seiner Frau alsbald offenlegen.

Zu seiner eigenen Verwirrung verwandelte sich dieser gutherzige und überall beliebte Mann in ein zwischen Selbstmordgedanken und Wutanfällen hin und her gerissenes Bündel Eifersucht, sobald er erfuhr, wie seine Partnerin ihm zuvorgekommen war. Er konnte ihr viele Jahre lang nicht verzeihen, was sie ihm angetan hatte, fixierte sich darauf, daß ihr moralischer Verfall unendlich tiefer sei als der seine, den er doch offen bekannt und gleich gebüßt habe. Er brachte seine Frau dazu, ihm in allen Einzelheiten zu erzählen, was sie erlebt hatte. Sie schwor sich, ihm nie wieder etwas von ihren erotischen Wünschen außerhalb der Ehe zu erzählen. In den nächsten Jahren begann der Mann eine hektische Folge von außerehelichen Liebschaften, die er seiner Frau verheimlichte. Die Erinnerung an ihr erstes, längst beendetes Verhältnis peinigte und kränkte ihn noch viele Jahre; statt durch seine Racheanstrengungen harmloser und verzeihlicher zu werden, wurde sie eher schlimmer: Er brauchte anscheinend diese «Schlechtigkeit» seiner Frau, um seine eigenen Schuldgefühle zu mäßigen.

In der praktischen Arbeit mit Paaren trifft der Berater häufig auf Personen, die es sehr bedauern, daß sie – wie diese Frau – über eine heimliche Liebschaft berichtet haben. Sie empfinden die Diskrepanz zwischen dem, was der Seitensprung für sie bedeutet hat, und dem Ausmaß der Kränkung ihres Partners als extreme Belastung und haben den Eindruck, durch alle Dementis nicht mehr so viel Stimmigkeit in der Beziehung herstellen zu können, wie sie es – den Schuldgefühlen über das Verschweigen der Seitenbeziehung zum Trotz – vor ihrem Geständnis empfanden. In einer Güterabwägung, die nachträglich anders ausfällt als vor der Offenlegung ihrer heimlichen Liebe, würden sie sich diesmal dafür entscheiden zu schweigen.

Angesichts der großen Unsicherheit, die immer mitspielt, wenn wir die Zukunft einer Liebesbeziehung beurteilen wollen (Scheidungsziffern sagen darüber nicht mehr als Sterbeziffern über den Gesundheitszustand einer Bevölkerung), sind voreilige Überzeugungen immer zu kritisieren. Hier scheint mir der größte Nachholbedarf in Beratung und Psychotherapie zu liegen: Durch die Besserwisserei von Offenheitsdoktrinen wird ungenügend zwischen der geglückten und der gescheiterten heimlichen Liebe unterschieden. Es entsteht der Eindruck, die heimliche Liebe selbst und nicht der taktlose und ungeschickte Umgang mit ihr sei das neurotische Problem.

Eine Güterabwägung würde Schaden und Nutzen beider Umgangsformen prüfen. Verglichen mit den Entwertungskriegen in aneinandergeketteten, aber lieblos gewordenen Paaren, scheint die heimliche Befriedigung das kleinere Übel. Allerdings ist keineswegs garantiert, daß die entlastete Partnerschaft von selbst in dem Augenblick zu einer früheren Harmonie zurückfindet, in dem ein Mann seine Frau nicht mehr mit seinen Wünschen nach oralem Sex quält oder sie zwar spät, aber zufrieden von ihrem Selbsterfahrungsgruppenabend heimkehrt.

Um eine Partnerbeziehung zu stabilisieren, sie pflegend zu behandeln und weiterzuentwickeln, müssen sich immer zwei Menschen ein wenig Mühe geben. Die heimliche Liebe bietet hier insofern Erleichterungen, als der Frustrationsdruck nachgelassen hat. Es ist aber auch ein neues Risiko entstanden. Schuldgefühle, die mit dem Fremdgehen häufig verbunden sind, werden von vielen Beteiligten nicht als erträgliche Begleiterscheinung akzeptiert. Sie werden verleugnet oder verdrängt. Wenn das nicht mehr gelingt, treten Symptome auf, häufig in der Gestalt des Ausagierens, der unbewußt begründeten, folgenschweren Aktion. Das führt häufig dazu, daß die Verheimlichung nicht mehr gelingen will, denn ein zur Furie gewordener Partner ist für einen Untreuen, den unbewußte Schuldgefühle plagen, leichter zu ertragen als der innere Gewissensbiß. In anderen Fällen wird unter Vorwänden Streit vom Zaun gebrochen. Vom bösen, entwerteten Partner darf man sich trennen, von einem gestreichelten, geliebten, gut versorgten aber nicht.

Unseren Kindern packen wir Pausenmahlzeiten in die Schulranzen und warme Pullover in den Rucksack, wenn sie einen Ausflug machen. Mütter, die in ihren wohlverdienten Urlaub aufbrechen, entlasten sich vom Trennungsschmerz, indem sie drei vorgekochte Mahlzeiten in die Tiefkühltruhe stellen und einen Zettel auf den Tisch legen, der als Information ebenso überflüssig wie als liebevolle Geste wichtig ist. Mit dem geliebten Partner vor dem Aufbruch in die Seitenbeziehung dasselbe zu tun erscheint dem an seine Idealisierung der Symbiose gebundenen Menschen als Gipfel der Berechnung, des Egoismus, der Prostitution.

Es geht in einem konstruktiven Umgang mit der heimlichen Liebe darum, wie gut ein Paar gelernt hat, mit den wechselseitigen kindlichen Bedürfnissen umzugehen. Es ist schließlich die Vernunft, die uns gebietet, unsere Vernunft nicht zu überschätzen. Diese gefühls-freundliche Vernunft ist eine gänzlich andere Macht als das, was viele Menschen der Moderne als einzig denkbare Gestalt der Vernunft erleben. Die von Zweckmäßigkeit, Kontrolle, Triebfeindlichkeit und Bemächtigung der Natur geprägte technische Ratio mißbraucht vernünftige Argumente, um einen rücksichtslosen Machtanspruch durchzusetzen.

Achtung vor der Möglichkeit einer kindlichen Unvernunft ist also etwas höchst Vernünftiges. So gesehen entlarvt sich die Verachtung von Täuschung, von Lüge als Machtanspruch, der mit Illusionen nicht spielt, sondern sie gewaltsam herstellen will und gerade dadurch zerstört, was er erreichen möchte. Und wie die heimliche Liebe oft etwas Spielerisches hat und ein Gegengewicht zu einem Übermaß an häuslichem Ernst schaffen kann (das war auch ein Gesichtspunkt, den die beiden in Tugendhaftigkeit miteinander wetteifernden Pädagogen unseres Beispiels zu spät erkannten), so gelingt auch die Integration der heimlichen Erfahrungen um so besser, je mehr spielerische Elemente sich im Umgang eines Liebespaares erhalten oder entwickelt haben.

Die heimliche Liebe ist eine unvollständige Trennung vom Partner. Das heißt, sie kann eine Bindung ebenso gefährden wie festigen. Wenn wir uns die Bindung in der Art eines Seiles vorstellen, das aus einem organischen Material gefertigt ist – eine Art zweite Nabelschnur –, dann kann die heimliche Liebe einen Schnitt in lebendige Teile bedeuten. Sie führt dann zu einem Blutverlust, zu einer wachsenden Entkräftigung und Brüchigkeit des Bandes. Die heimliche Liebe kann aber auch ein Versuch sein, abgestorbene Gewebe zu entfernen, so daß gesundes Narbengewebe entsteht und sich eine Pforte für gefährliche Infektionen wieder schließt.

Wie alle Trennungen kann die Teil-Trennung in der heimlichen Liebe in dem Bestreben vollzogen werden, die Zuneigung der Person zu erhalten, von der die Trennung erfolgt, oder aber durch die Trennung diese Person zu beschädigen. Wer den Partner als Kerkermeister phantasiert, wird sich wenig dabei denken, ihn zu verletzen, um ihm den Schlüssel zu rauben. Wer den Partner liebevoll sieht und doch zulassen kann, daß dieser in manche Bereiche nicht folgen wird, kann seiner Wege gehen und sich darauf freuen, ihn nach dem abenteuerlichen Ausflug wiederzusehen.

Die liebe- wie die haßvolle Trennung sind durch Wechselwirkungen geprägt. Wer sich liebevoll trennt, weckt wenig Impulse, ihn festzuhalten, ihm einen Teil seiner Freiheiten zu nehmen. Wer sich nur in Haß und Entwertung trennen kann, reizt auch dazu, ihn zu halten, um nicht gehaßt und entwertet zu werden. Der Kerkermeister muß den Kerker versperren, weil er sich nicht vorstellen kann, daß sein Häftling freiwillig bleibt. Die Glucke am Ufer wird, auch wenn sie nicht schwimmen kann, das Entlein ziehen lassen, wenn sie überzeugt ist, daß dieses gerne bei ihr war und gerne zurückkommen wird, wenn es sich sattgeschwommen hat.

Das alles gilt für den Seitensprung, der als solcher offen gehandelt wird, geradesogut wie für die heimliche Liebe. Der offene Seitensprung stabilisiert die Illusion, alles zu wissen, und erhält so eine Kontrolle über den Partner aufrecht, welche die heimliche Liebe nicht in dieser einfachen Form gewährt. Auf der anderen Seite respektiert die heimliche Liebe das Illusionsbedürfnis der Liebenden. Sie ist darin im guten Fall herzlicher, zärtlicher, rücksichtsvoller, als es die desillusionierende Aufrechnung von Freiheiten und Pflichten jemals sein wird.

Man kann sich der Liebe wissenschaftlich nähern und versuchen, statistisch herauszufinden, wie häufig heimliche Beziehungen sind und wie häufig sie entdeckt und / oder offenbart werden. Ich kann diesem Unternehmen wenig abgewinnen; zu beziffern, ob es pro Durchschnittsehe zwei oder fünf gibt, ob die offenbarten 30 Prozent ausmachen oder die verheimlichten 80 Prozent, scheint mir wenig hilfreich. Ich ziehe daher die individuelle und metaphorische Annäherung vor. Vergleichen wir, wie es schon Hamlet getan hat, die Beziehung eines Menschen zu uns mit der zu einem Musikinstrument. Wir können unsere Kraft auf ein einziges Instrument richten und dabei Erfolg haben oder auch scheitern. Wir können versuchen, mehrere Instrumente zu spielen, und auch dabei Erfolg haben oder scheitern. Die Wahrscheinlichkeit des Erfolgs ist durch die Konzentration auf ein Instrument einerseits größer, weil sich die Energie stärker konzentriert, andererseits geringer, weil wir – wenn es nicht zu uns paßt – nie herausfinden werden, ob es nicht eines gibt, mit dem uns eine unerkannte Anlage verbindet.

Wenn wir ein Instrument beiseite legen und ein anderes zur Hand nehmen, können wir das ganz unterschiedlich tun. Wir können das erste Instrument wegwerfen und ein für allemal aufgeben, uns damit zu beschäftigen. Wir können es sorgfältig einpacken, um es bei Gelegenheit wieder herauszuholen. Wir können immer vorwiegend dieses eine spielen und nur ganz selten ein anderes nehmen. Wir können es bei diesem zweiten, dritten, vierten ähnlich tun: sie liebevoll pflegen, die Fertigkeit im Umgang mit ihnen entwickeln oder sie achtlos wegwerfen, wenn sie uns enttäuschen.

Wenn wir uns in die Rolle des Instruments versetzen, ist an sich unsere Chance, pfleglich behandelt zu werden, bei dem Spieler größer, der bereits ein gepflegtes Instrument in seinem Musikzimmer hat. Allerdings müssen wir dann diesen angenehmen Platz teilen. Wollen wir freilich besonders wichtig sein, das erste und einzige Instrument, dann sind unsere Aussichten besser, wenn das Musikzimmer leer ist. Es wäre aber in diesem Fall gut zu wissen, ob sich nicht hinter einer Tapetentür Bruchstücke kaputter Instrumente häufen.

Alle Vergleiche hinken, und eine Metapher, in der Beziehungen in der oben angesprochenen Weise reduziert werden, geht sozusagen mit Hilfe einer Krücke. Aber vielleicht hilft diese Ornamentik zu verdeutlichen, daß nicht nur die heimliche Liebe ein weites Feld ist, sondern auch der Umgang mit dem Partner, der in unserer juristisch abgesicherten Sprache betrogen wird. Er kann liebevoll betrogen werden oder lieblos bekommen, was ihm an Wahrheit zusteht. Viele von uns ziehen den liebevollen Betrug einer lieblosen Wahrheit vor. Am schönsten wäre natürlich die liebevolle Wahrheit. Aber auf der Suche nach dem kleineren Übel, auf dem Weg der Güterabwägung, scheint mir folgende Hierarchie angemessen: am angenehmsten ist die liebevolle Wahrheit. An zweiter Stelle kommt der liebevolle Betrug. An dritter die lieblose Wahrheit. An vierter, letzter, der lieblose Betrug. Oder anders gesagt: am schönsten ist der liebende und völlig durch mich zufriedengestellte Partner. Am zweitbesten ist der liebende Partner, der deshalb zufrieden ist, weil er sich anderswo holt, was er von mir nicht bekommt. Am drittbesten ist der liebende, jedoch unzufriedene Partner. Und am schlechtesten ist der Partner, der mir, konkret lieblos, abstrakt im Namen der Liebe, sein Elend zum Vorwurf macht, ohne imstande zu sein, sich anderswo das zu holen, was ihn befriedigen könnte.

Im tiefsten Kreis der Hölle stecken die Verräter in gefrorener Jauche. Mit diesem Bild straft der italienische Dichter Dante Alighieri Judas und Satan. Der mächtigste Teufel ist zugleich der Prototyp des Verräters. Auch er diente als lichter Engel seinem Herrn, bis er sich entschloß, ihn zu hintergehen. Heute müssen selbst britische Royals damit rechnen, von dienstbaren Engeln denunziert zu werden. Was bewegt eine wachsende Zahl von Menschen, andere in der einen oder anderen Form zu denunzieren?

Die psychologische Analyse ergibt keinen einheitlichen Typus des Denunzianten, sondern fünf Gruppen:[*]

1. Der Verräter aus Überzeugung
2. Der Verräter aus Gewinnsucht
3. Der Verräter aus Geltungsbedürfnis
4. Der gespaltene Verräter
5. Der Verräter aus Schuldgefühl

Der typische Verräter aus Überzeugung ist der Blockwart, ein Rentner oder Angestellter, der sich meist zuwenig anerkannt fühlt, weil er glaubt, die reine Pflichterfüllung reiche aus, um einen Menschen liebenswert zu machen. Da er selbst nicht viel Spaß am Leben hat, mißgönnt er anderen ihren Spaß. Er hält sich ängstlich an alle Vorschriften

[*] Ich beziehe mich auf meine in der Zeitung «Die Woche» am 3. 2. 1995 veröffentlichte Typologie.

und läßt seine versteckte Wut über diese Anpassung an allen aus, von denen er denkt, daß sie solche Vorschriften mißachten. Er denunziert offen, wenn die Opfer schwächer sind als er und er nicht fürchtet, sie könnten ihm schaden. In anderen Fällen denunziert er versteckt, anonym. Er fühlt sich immer im Recht, ist aber in der Regel nicht geschickt genug, um sich für seine Denunziationen bezahlen zu lassen. Er tut nur das, was er für seine Bürgerpflicht hält. Dieser Typus verrät die heimlichen Liebenden aus Neid auf ihre Vitalität.

Der Verräter aus Gewinnsucht erscheint uns als der berechenbarste Typus: einer jener vielseitig verwendbaren Menschen von skrupelloser Intelligenz, die für Geld tun, was das Risiko wert ist. Unter diesen Umständen gibt es dort mehr Denunzianten, wo es mehr Lohn für Verrat gibt: Neben den Honoraren, die für eine Enthüllungsgeschichte bezahlt werden, ist das Gehalt eines Butlers gering.

In den Alltagsproblemen mit der heimlichen Liebe spielt dieser Verräter nur in den seltenen, aber dramatischen Fällen eine Rolle, in denen ein Privatdetektiv eingeschaltet wird, um eine Beziehungssituation zu klären, in der Mißtrauen dominiert und Glaubwürdigkeit mit Objektivität verwechselt wird. Wer Liebesbeziehungen ernst nimmt und ihre illusionären Seiten akzeptiert, würde einen Detektiv immer überflüssig finden: Wo er engagiert werden muß, ist das, dessen Verlust Fotos, Tonbandmitschnitte oder Videoaufnahmen beweisen könnten, längst verloren. Auch der Beleg, daß es gar nicht verloren ist, führt nicht dazu, es zurückzugewinnen.

Der Verräter aus Geltungsbedürfnis ist wohl der Typus, welchen die moderne Gesellschaft am häufigsten hervorbringt. Die Massenmedien füllen unsere Sinne täglich mit Stars, die mehr Aufmerksamkeit genießen, als sie verdienen, während wir doch weniger davon bekommen, als uns zustünde. Daher ist es ein Triumph, Schwäche zu entdecken und preiszugeben, die einer dieser anmaßenden Prominenten hat. Der Denunziant beschert sich selbst und allen, die seinen Verrat goutieren, ein Stück narzißtischer Glorie. Ich bin zwar nicht amerikanischer Präsident geworden, aber meine moralische Eignung übertrifft doch die seine erheblich! An solchen billigen Siegen besteht großer Bedarf, und die, welche in den Medien ausgekostet werden, sind nur die Spitze des Eisbergs. In Klatsch und Tratsch sind solche Denunziationen aus Geltungssucht das Leitmotiv. Indem ich pikante Geschichten weitererzähle, erhebe ich mich über deren Opfer.

Auch der Selbstverrat der Liebenden hängt oft mit ihrem Geltungsbedürfnis zusammen. Sie können nicht auf den schmerzlichen Triumph verzichten, preiszugeben, was sie erobert haben, auch wenn sie das mehr als die Eroberung kostet. Ein klassisches Beispiel ist in der Geschichte von Gyges berichtet, die der griechische Historiker Herodot aufgezeichnet hat. Kandaules, ein König, kann nicht umhin, seinem Freund Gyges seine Frau nackt zu zeigen; als die Königin von dem Verrat an ihrer Ehre erfährt, fordert sie Gyges auf, Kandaules zu töten, was dieser auch tut.

Die heimliche Liebe ist eine Übung in Verschwiegenheit, im Verzicht, sich einer Eroberung zu rühmen, der selbstbewußten Frauen und Männern gut ansteht. Wenn die Identität des / der Geliebten preisgegeben wird, ist das sehr oft ein erstes Zeichen, daß die Beziehung bröckelt, daß äußerer Druck hergestellt werden soll. Meist sind solche

Manöver der Anfang vom Ende. Es gibt allerdings heimlich Liebende, die in solchen Situationen erkennen, was sie angerichtet haben, und ihre heimliche Liebe ähnlich erneuern wie die antike Göttin Aphrodite mit einem magischen Bad ihre Jungfräulichkeit. Sie beenden ihr Verhältnis offiziell, geben sich nach außen gänzlich getrennt und treffen sich in diesmal für unverbrüchlich erklärter Heimlichkeit.

Geltungsbedürftige denunzieren nicht mehr aufgrund einer geschlossenen moralischen Überzeugung über Sitte und Recht. Es juckt sie, sich ein kleines oder großes Machtgefühl zu verschaffen, sich mit geheimem Wissen zu schmücken und es auszuspielen. Es kann geschehen, daß sie den Nachbarn oder den Schwager wegen Steuerhinterziehung verpetzen, gerade weil sie selbst Geld in die Schweiz schmuggeln. Solche Denunziationen sind regressive Erscheinungen. Auch Kinder petzen, weil sie es nicht leiden können, wenn jemand anderer etwas bekommt, von dem sie glauben, es werde ihnen vorenthalten. Da in der Konsumgesellschaft Gier und (im Fall ihrer Enttäuschung) auch Rache wieder salonfähig werden, empfinden sehr viele Menschen das Gefühl, von der Welt nicht genügend beschenkt und gewürdigt zu sein. Weshalb soll es anderen besser gehen als ihnen? Weshalb sollen andere mit etwas durchkommen, was ihnen mißlingt?

In Politik und Medien wird Rache glorifiziert. Der Rächer ist der einzige Gerechte in einer Welt, in der die Polizei korrupt ist und die Justiz unglaubwürdig. Mafiose Verfassungen, in denen Rache selbstverständlich ist, gewinnen teilweise öffentliche Bestätigung (etwa in Jugoslawien, in Algerien). Der Verrat ist eine subtile und verdeckte Form der Rache. Ich vollziehe sie nicht selbst, sondern liefere mein Opfer einem Rächer aus.

Der faszinierendste Typus ist der gespaltene Verräter. Er verrät gerade da, wo er auch liebt, der Mann (oder die Frau) mit zwei Gesichtern. Er wirkt glaubwürdig, wenn er sich seinem Opfer zuwendet. Er setzt sich sogar ein für den Freund, den er hintergeht. Es ist, als ob er in seinem Inneren verschiedene Schubfächer trüge; in dem einen ist er loyal, in dem anderen ein Denunziant. Lust auf Teilhabe an der Autorität mischt sich mit geheimer Lust am Protest gegen die Autorität. Daher ließen sich auch unter den Dissidenten in der einstigen DDR immer wieder Spitzel anwerben. Die Stasi griff sich Menschen, die etwas vertuschten, Ehebruch, Betrug, Fahrerflucht. Sie bedrohte sie mit Verrat und machte sie dadurch zu Verrätern. Künftig taten sie anderen an, was sie selbst befürchteten. Die Überredungskunst der Führungsoffiziere ging meist in die Richtung, den Spitzel glauben zu lassen, daß sein Wirken gut für die Bespitzelten sei. Der gespaltene Verräter trägt auf der einen Schulter die Macht, auf der anderen ihre Opfer. Während ihn schließlich beide verachten werden, kann er sich für eine Weile in der Illusion sonnen, er helfe beiden und sei unersetzlich.

Der Verräter aus Schuldgefühl sucht weniger Geltung als Entlastung. Seine Denunziation verlagert einen eigenen Konflikt nach außen; sie enthält Stücke magischen Denkens. Er tritt in der Gestalt des Mannes auf, den ein schlechtes Gewissen über einen Seitensprung plagt. Er bekämpft es, indem er den inneren Konflikt in eine äußere Szene verwandelt. So befragt er die Ehefrau eines guten Freundes, wie sie denn mit dem jüngsten Seitensprung ihres Partners mit Frau X fertig werde. Diese ist schockiert, der Freund ist empört, denn seine Frau hat erst durch diese teilnahmsvolle Frage von seiner Untreue erfahren. Ein solcher Denunziant zeige an einem Universitätsinstitut einen befreundeten Kollegen an: Er habe gehört, dieser treibe es mit Studentinnen. Ihm selbst stand damals ein Verfahren ins Haus, weil er eine Doktorandin verführt hatte.

Am gefährlichsten ist der heimlichen Liebe der Verrat eines der Liebenden. Er ist ihr dann besonders nahe, wenn die Beziehung asymmetrisch* ist und nicht ein ehrlicher Vertrag über diese Asymmetrie geschlossen werden kann.

Laura, die darunter leidet, daß ihr Geliebter Robert sie an den Weihnachtsfeiertagen allein läßt und diese mit seiner Ehefrau verbringt, erzählt ihrer besten Freundin (die latent eifersüchtig ist auf Lauras Verliebtheit), wie enttäuscht und wütend sie über dieses Verhalten sei. Robert hat kein böses Wort gehört, daß er sich nicht offen zu der heimlichen Liebe bekennt und mit ihr das Weihnachtsfest feiert. Der Freundin gegenüber läßt Laura etwas von diesem Zorn erkennen.

Mit dem Einleitungssatz, ihre Frauensolidarität verbiete ihr, hier weiter zuzusehen, ruft nun diese beste Freundin hinter Lauras Rücken Cornelia, die Ehefrau Roberts, an und erzählt ihr mit allen Details von einer Untreue, unter der ihre beste Freundin ebenso zu leiden habe wie sie als Ehefrau. Cornelia ist außer sich. Die Eheleute verbringen die Feiertage damit, zu entscheiden, ob Robert jetzt für immer oder nur vorübergehend aus dem gemeinsamen Schlafzimmer ausziehen muß. Sie diskutieren in der ver-

---

* Die wichtigste Asymmetrie: einer der heimlich Liebenden lebt in fester Bindung, der andere nicht. Oder: eine Frau hat bereits Kinder, ihr Partner wünscht sich noch welche. Oder: in einem Paar werden Liebschaften offen gehandelt, in einem anderen verschwiegen («Du kannst jederzeit bei mir anrufen – wieso darf ich dich nicht zu Hause anrufen?»).

letzendsten Form, welche Bedeutung Roberts heimliche Liebe für ihn, für Laura und für Cornelia hat. Die Verräterin erreicht, daß Robert von Cornelia verlassen wird und seinerseits Laura, die er für den Treuebruch verantwortlich macht, verläßt.

Um seine attraktive neue Mitarbeiterin zu gewinnen, erzählt ihr Vorgesetzter in einer großen Behörde, er lebe praktisch getrennt von seiner Frau und werde sich scheiden lassen, sobald die Kinder aus dem Haus seien. Nach zehn Jahren ist er immer noch nicht geschieden und eröffnet seiner enttäuschten Geliebten, er ertrage es nicht mehr, sie länger hinzuhalten, und müsse die Beziehung beenden. Wenig später erfährt sie, daß er ein Verhältnis mit seiner neu eingestellten Sekretärin hat, die erheblich jünger als sie ist. Es ist in dieser Situation für eine heimliche Geliebte, die das nur sein wollte, weil sie hoffte, es nicht zu bleiben, sehr schwer, mit ihren Scham- und Schuldgefühlen fertig zu werden. Es fordert große Leistungen der Selbstbeherrschung und Aggressionsverarbeitung von ihr, Impulse zu unterdrücken, sich zu rächen, es dem Verräter heimzuzahlen, ihm in der Dienststelle zu schaden, man hat schließlich viele Geheimnisse geteilt, oder die Liebschaft gegenüber der Ehefrau offenzulegen.

Anzeigen wegen sexueller Übergriffe gegenüber Abhängigen erfolgen häufig in dieser Situation einer enttäuschten Erwartung, einer nicht ehrlich verhandelten, sondern verleugneten Asymmetrie. Hier wird nicht nur persönliche Rache genommen, sondern auch das Gesetz gegen einen Übeltäter mobilisiert, der reale oder imaginäre Abhängigkeiten ausgenutzt hat. Wenn es noch einen Grund bräuchte, vor solchen verdeckten oder verleugneten Asymmetrien zu warnen, dann gibt ihn die extreme Verführung für Ex-Geliebte, frühere Partner in Krisen-situationen zu verraten. Wenn er sich als Geliebter entzieht, kehrt sie in eine nur scheinbar aufgelöste Abhängigkeit zurück und klagt ihn an, seine Pflichten als Vorgesetzter verletzt zu haben.

Ähnlich gelagert sind Fälle, in denen der Verrat dazu dient, äußere Gewissensmächte zu stärken, um eine inner-lich bekämpfte Verführbarkeit abzustellen. In einem Fall wollte eine heimliche Geliebte die Beziehung zu einem ge-bundenen Mann beenden, den sie bisher sehr bewundert hatte. Sie fürchtete sich davor, ihm das persönlich beim nächsten Treffen zu sagen. Daher teilte sie ihm den Ent-schluß, sie wolle künftig nicht mehr seine Geliebte sein, auf einer offenen Postkarte mit, die «versehentlich» von der Partnerin dieses Mannes gelesen wurde. Mit diesem schein-bar harmlosen Manöver erreichte die Schreiberin, daß der idealisierte Mann und die Rivalin einen heftigen Ehestreit austragen mußten; sie gewann in der Partnerin eine Ver-bündete für ihre eigenen Überich-Einwände gegen die Be-ziehung und stellte durch ihren Verrat eine unüberbrück-bare Distanz zu dem einstigen Geliebten her.

Opfer, die sich an Tätern rächen, sind deshalb nicht im Recht. Die entschlossene Projektion der eigenen Unver-söhnlichkeit ist kein sachlich begründetes Urteil. Wenn ich etwas für abscheulich halte, bin ich nicht legitimiert, mich selbst abscheulich zu verhalten. Wenn ich mich betrogen fühle, sollte ich nicht selbst betrügen – und wenn ich mich verraten fühle, habe ich keine Legitimation für Verrat.

Häufig ist es gar keine bewußte Täuschungsabsicht, wel-che heimlich Liebende bewegt, eine gemeinsame Zukunft zu entwerfen. Es ist eine Sehnsucht nach einem zweiten Le-ben, die freilich von dem gebundenen Partner dort beschnitten und versteckt wird, wo sie gefährden würde, was ihn bindet. Der freie Partner hat diese Phantasie für einen realistischen Zukunftsplan genommen und pocht darauf, daß das Versprechen eingelöst wird. Wenn das nicht der Fall ist, fühlt er sich verraten und nicht selten gerechtfertigt, seinerseits die heimliche Liebe zu verraten.

Solche Szenen sind oft tragisch für alle Beteiligten. Liebe wurde gesät, aber die Ernte ist nur Haß. Der Verrat führt dazu, daß der Verratene beginnt, den Verräter zu hassen und gegenüber dem öffentlichen Partner die heimliche Liebe zu entwerten. Er versucht das Geschehene zu bagatellisieren, die eigene Verstrickung zu leugnen.

Es gibt wenige Gefühle, die denen eines Verratenen gleichen. Der Verrat trifft den am meisten, der vertraut hat und sich nicht vorstellen konnte, verraten zu werden: Sonst wäre er doch nie so weit gegangen, sein Mißtrauen zu überwinden. Selbst wer skeptisch war und meint, vorbedacht zu haben, daß es die Möglichkeit des Verrats auch dort gibt, wo einmal Liebe zu herrschen schien, wird angesichts der nackten Tatsache, daß es nun gerade *ihm* geschehen ist, fassungslos.

Er hat geglaubt, wo nicht mehr Liebe sein kann, müßte doch Freundschaft oder wenigstens Loyalität bleiben. Weil er nicht gehalten hat, was er versprach, ist er für den Partner der Heimlichkeit zum Verräter geworden. Und so wird ihm alles heimgezahlt, was er niemals erwartete.

Die Panik des Verratenen, sein Gefühl, aus einer Welt, die ihm vorwiegend positiv gegenübersteht, in einen Abgrund zu stürzen, hängt mit seinen Illusionen darüber zusammen, daß seine Partner seine eigenen Haltungen auch dann teilen, wenn er sie verschwiegen hat. Sie / er tat nichts dagegen, den / die Geliebte(n) in ihren Träumen zu lassen, denn in zwei vermengten Illusionen liebte es sich freier und schöner. Offen darüber zu sprechen, wie die eigene Verliebtheit mit der eigenen Lebensrealität zusammenhängt, welche Aussichten das Heimliche hat, einmal offen akzeptiert zu sein, schien in dieser Traumzeit Verrat an einer Liebe, der sich jetzt bitter rächt.

Der Verratene hat Mühe, die einschneidende, aber doch begrenzte Wunde nicht als Feindseligkeit der Welt schlechthin zu erleben. In vielen Fällen wendet sich ja nicht nur der Partner der heimlichen Liebe von ihm ab, sondern dieser versucht ihn auch der Beziehung zu berauben, die als die stärkere verdächtigt wird.

Im Augenblick der Rache soll die feste Bindung des Betrügers, des Verräters durch den Verrat an der heimlichen Liebe aufgelöst werden. Die gescheiterte und entwertete Sehnsucht nach der Symbiose, der engen Zweisamkeit, schlägt in den Versuch um, soziale Atome zu erzeugen, isolierte, durch Haß voneinander ferngehaltene Individuen: wenn schon nicht Harmonie in der Bindung, dann doch wenigstens Gleichheit in der Trennung.

Gestern war der heimlich Liebende noch überzeugt, er könne in zwei verschiedenen Welten leben und beide kraft seiner Magie versöhnen. Groß und stolz bewegte er sich von einer Wohnung, einem Bett, einer Umarmung in die andere, entwarf unterwegs, süßen Nach- und Vorgeschmack auskostend, die Ausreden und Schmeicheleien, die nötig sind, um diesen Zustand aufrechtzuerhalten. Heute ist er ausgestoßen und irrt im Niemandsland. Der Verrat der Geliebten hat ihn bei seiner Partnerin zum Verräter gemacht. Er kann die eine nicht mehr lieben und wird von der anderen gehaßt.

«Die Menschen, die sich noch deutlich an ihre Kindheit erinnern, sind in der glücklichen Lage zu wissen, wie ein kriminelles Gehirn funktioniert, und haben zudem ein gewisses Talent zum Lügen; so ist es auch bei mir.»[*]

Die heimliche Liebe greift ein Motiv der veränderten Lebensverhältnisse in der Moderne auf: die erdrückende Übermacht der Institutionen. In den Jahren nach dem Zweiten Weltkrieg hat sich die Bürokratisierung der Gesellschaft entwickelt und verfeinert. Es gibt immer mehr Spezialisierungen, die kontrolliert und überwacht werden. Sich dagegen zu behaupten fällt nicht nur den Emotionen, sondern auch der Vernunft schwer.

Die Kehrseite der Emanzipation aus starren Traditionen ist eine Reglementierung der narzißtischen und erotischen Bedürfnisse. Selbstdarstellung, im Rokoko noch selbstverständliche Leidenschaft der Eliten, wird zum Stigma des Emporkömmlings. Wer auf sich hält, will mehr sein als scheinen. Der moderne Mensch kann keinen Beruf antreten, ohne ein Bündel von Zeugnissen vorzulegen.

[*] Margaret Atwood, «Die blaurote Luftmatratze», Erzählung, SZ-Magazin Nr. 30 / 1996, S. 5.

Überall Kosten-Nutzen-Rechnungen, Verwaltung, Kontrolle.

So ist die Liebe die letzte Bastion des Chaos, selbst in ihrer legalisierten Form. Die Enttäuschung ist kraß, wenn angesichts einer Scheidung deutlich wird, wie sehr auch hier die Institution dominiert und aus dem erträumten herrschaftsfreien Glück eine Zahlungsverpflichtung wird, die für den Rest des Lebens zwei Drittel des Einkommens verschluckt. In ihrer Schattenexistenz, verfolgt und bedroht, greift die heimliche Liebe doch das trotzige, anarchische Element auf, das auch ihren anerkannten Geschwistern eignet. Der Traum, die Orgie in rosaroten Liebesspielen dauerhaft dem Reihenhausschlafzimmer einzupflanzen, ist verwelkt.

Die heimliche Liebe als Alltagserscheinung kulminiert in Formen, die nicht privaten Zorn, sondern öffentliche Sanktionen auslösen, wenn sie entdeckt werden. Die ehrwürdigste Form ist hier die Liebe zu einem Menschen, der dem Zölibat verpflichtet ist. Die Ehelosigkeit hat komplexe Motive; viele von ihnen bewähren sich im Alltag nicht, die Folge sind Liebschaften von Menschen, die ihr Amt zur Keuschheit verpflichten würde. In allen katholischen Ländern ranken sich viele Geschichten um diesen Bruch eines Tabus. Unter der Hand wird erzählt, daß die kirchlichen Hierarchen – Generalvikare und Bischöfe – solche Beziehungen dulden, solange sie verheimlicht werden. Mit Kirchenstrafen und Ausschluß muß erst rechnen, wer sie veröffentlicht und auf diese Weise Ärgernis erregt. Im anderen Fall sorgt die Mutter Kirche für die ungehorsamen Schafe und ihren Nachwuchs; es gibt in den katholischen Diözesen einen Fonds für die unehelichen Kinder der Kleriker, der die nötigen Gelder für die Alimente bereitstellt, die meisten, so hörte ich, im Erzbistum Köln.

Eine moderne Variante dieses Themas ist die Beziehung zwischen beruflichen Helfern – also Lehrern, Ärzten, Therapeuten – zu ihren Klientinnen. Während die sexuelle Verfehlung des katholischen Priesters eher den öffentlichen Groll gegen die archaischen Formen des Zölibats weckt, werden solche Formen der heimlichen Liebe bei Therapeuten gegenwärtig oft nicht nur als professionell hinderlich verurteilt, sondern dämonisiert.*

In der Psychoanalyse ist vor allem deutlich, daß die sexuelle Aktion die analytische Aufklärung unmöglich macht; sie beruht, ähnlich der Hypnose, auf der Anwendung von Idealisierungen, nicht auf ihrer Erkenntnis. Daher ist es auch in einem therapeutischen Verhältnis fast unmöglich abzuschätzen, ob die Vereinbarung, eine Therapie zu beenden und eine heimliche Liebe zu beginnen, auf einer autonomen Entscheidung der früheren Patientin beziehungsweise, seltener, des einstigen Patienten beruht oder im Rahmen einer suggestiv getragenen Pseudoautonomie erfolgt. Manche Therapeuten, die nach einigen Jahren Karenzzeit und eingehenden Gesprächen über-

---

* Vgl. K. S. Pope und J. C. Bouhoutsos, Als hätte ich mit einem Gott geschlafen. Sexuelle Beziehungen zwischen Therapeuten und Patienten. Hamburg (Hoffmann und Campe) 1991. Über die Hintergründe der aktuellen Debatte über ein anderes Feld heimlicher Liebe siehe K. Rutschky, Erregte Aufklärung. Kindesmißbrauch: Fakten und Fiktionen. Hamburg (Klein) 1992. Der Strafrahmen für sexuelle Beziehungen in einer Psychotherapie ist 1998 erweitert worden: Strafbar ist, wer Abhängigkeitsverhältnisse ausnutzt. Vgl. W. Schmidbauer, Wenn Helfer Fehler machen, Reinbek (Rowohlt) 1997.

zeugt waren, sie könnten mit einer früheren Patientin eine sexuelle Beziehung beginnen, müssen plötzlich feststellen, daß die sexuelle Bindung keine reife Entscheidung, sondern infantile Abhängigkeit ausdrückt und die Idealisierung des einstigen Therapeuten als grandioser Geliebter bei der kleinsten Belastung zusammenbricht, um einer Entwertung beider – eines untüchtigen Helfers und eines unverläßlichen Geliebten – Platz zu machen. Die sexuelle Beziehung gibt den Schützlingen große Macht über die einstigen Helfer in die Hand, und jeder solche Machtzuwachs trägt ein Risiko in sich, mißbraucht zu werden. Jede Mißbrauchsdebatte trägt den Keim in sich, im Gegenzug den Mißbrauchsvorwurf zu mißbrauchen.

Es gibt genug Fälle, in denen Lehrer ihre Stellung oder Therapeuten ihre Kassenzulassung verloren haben, um diese Formen der Sexualität mit einer Aura von Gefahr zu umgeben. In der öffentlichen Debatte, die von den Medien getragen wird, dominiert auch das ureigenste Interesse der Medien. Es wird behauptet, daß es nur gut, heilsam und richtig ist, solche Beziehungen offenzulegen, während es andererseits den abscheulichsten Interessen der Täter dient, sie geheimzuhalten.

Die Idealisierung der Öffentlichkeit beruht ebenso auf Verleugnungen wie die Idealisierung des Geheimen. In Wahrheit – ich wiederhole mich – haben beide Vorzüge und Nachteile, und es ist sehr naiv, davon auszugehen, daß Öffentlichkeit die Opfer schützt, Geheimhaltung aber die Täter. Tatsächlich dient die Öffentlichkeit den Massenmedien und der politischen Auswertung von Sexualität, die Geheimhaltung aber den privaten Regelungen des menschlichen Gefühlslebens. Beide können gelingen oder scheitern, und hier wie anderswo sind wir nachher meist klüger als zu Beginn; vermeidbar enttäuscht jedoch um so mehr, je blinder wir uns zunächst unseren Idealisierungen anvertraut haben.

Früher haben Menschen Geheimnisse geradezu ausgekostet. Heute wird uns überall gesagt, wie gut es sei, aus der Heimlichkeit, dem Verschweigen und Verbergen herauszutreten und endlich bekennen zu dürfen. Katholische Priester mit einer Geliebten (oder die Geliebten katholischer Priester), homosexuelle Politiker, lesbische Heilpädagoginnen, vom Mob ihrer Kollegen verfolgte Angestellte, dopende Sportler, sexuell belästigte Chorknaben, Steuersünder und Kronzeugen der Mafia – sie alle erklären uns oder lassen es durch ihre Sprecher in den Medien erklären, wie anstrengend und leidvoll es gewesen sei, zu schweigen, wie erlösend sie es nun fänden, endlich sprechen zu dürfen.

Wenn jemand an meiner Tür läutet und mir ungefragt ein Geheimnis eröffnet, etwa daß er frisch aus dem Gefängnis komme, Landstreicher oder drogensüchtig sei, dann wird er mich im nächsten Satz anbetteln oder mir das Abonnement einer Zeitschrift verkaufen wollen, in der ich von neuen, dramatischen Outings lesen kann, von Menschen, die behaupten, an ihrem Schweigen schier erstickt zu sein, und nun mich mit ihrer Geschwätzigkeit ersticken.

In den Medien sind es meist nicht die Betroffenen, die über die große Entspannung und Entlastung ihres Outings sprechen. Es sind die Berichterstatter über Tabu-Themen, die das Schweigen so unerträglich finden. Bei ihnen haben Spannung und Druck, wenn etwas heimlich bleibt, Entlastung, wenn es veröffentlicht wird, auch die besten Gründe: sie werden dafür bezahlt. Heimlichkeit, die als solche unerkannt bleibt und alle Spuren verwischt, trägt ihnen nichts ein.

Wenn der Markt zum zentralen Motor der Kunst wird, entsteht ein Druck, ökologische Nischen zu erschließen. Als mittelmäßiger Künstler bin ich leider unauffällig. Als Mitglied einer geächteten und verfolgten Minderheit aber kann ich etwas Besonderes sein. Ein Mutiger, ein Verwegener, einer, der sich selbst und andere erlöst, indem er die Verschwörung des Schweigens bricht und mit den wahren, bisher unterdrückten Problemen herausrückt.

Die tückischste Form des Outing ist die Denunziation. Wer bisher zuwenig Aufmerksamkeit für seine mutigen, tabubrechenden Bekenntnisse gefunden hat, weil sich niemand so recht für ihn interessieren wollte, entschließt sich nun, andere von der Last ihres Schweigens zu befreien. Es sind Persönlichkeiten, die jedem Fernsehzuschauer wohlbekannt sind und sich nun plötzlich in den Medien als – nur ein Beispiel – vom Verheimlichenmüssen ihrer Homosexualität Gequälte vorfinden. Ihr Befreier tut das, weil er will, daß alle Duckmäuserei ein Ende hat. Alle sollen sehen, wen sie da feiern.

Das Ziel des Denunzianten ist fern und erhaben: Gerechtigkeit, Toleranz für Minderheiten, Akzeptanz des Extremen, des Perversen. Wir sollen endlich überzeugt sein, diese Extravaganzen seien ganz normal, kämen überall vor, seien nichts Besonderes. Die Entlarvten sind Menschen wie du und ich. Outing-Spezialisten treten auf wie Tierfänger, die einem sensationshungrigen Publikum erklären, die von ihnen erbeuteten Paradiesvögel und Papageien seien in Wahrheit Spatzen und Krähen. Am Ende werden Vertreter der buntesten Perversionen, bekennende Zoophile und Strumpfband-Fetischisten, darum wetteifern, ganz normale Menschen zu sein.

Ist es schon gelungen, die öffentlichen Einstellungen zu verändern? Finden wir bereits das Bekenntnis gesund, frei und tugendhaft, die Verschwiegenheit aber krank, unfrei und verdächtig, weil nur der verbirgt, der etwas zu verbergen hat? Darf keine, keiner mehr ganz für sich sein und Schrullen, sexuelle Vorlieben, meinetwegen auch Laster ausleben, falls sie niemandem schaden außer ihr oder ihm selbst? Muß jeder sich über die Befreier und Erlöser freuen, die ihm endlich die Einsicht schenken, daß er nicht der einzige ist mit seinem heimlichen Tun? Muß er glücklich sein, weil er von nun an mitfliegen darf im Schwarm derer, die viel zu lange an einsamem Schweigen gelitten haben? Ist das Straßenfest der einst Ausgegrenzten und von ihrem Schweigen Belasteten, nun aber Frohen eine Zwangsveranstaltung?

Niemand hat den Konflikt zwischen der ausgreifenden, mit Phantasiefingern nach allen erdenklichen und wahrnehmbaren Befriedigungen tastenden Liebeslust des Menschen und seinem Bedürfnis nach Verläßlichkeit, Sicherheit und Stabilität jemals lösen können, ohne im Versuch, Werte herzustellen, auch Werte zu vernichten. «Ich liebe dich» ist ein kostbarer Satz, der nicht an Wert verliert, weil er abgegriffen ist, sondern ihn mit jeder Prägung neu gewinnt. Dieser Satz drückt nur etwas aus; er enthält kein Versprechen. Aber die Versuchung ist groß, ihn zu steigern und abzusichern – etwa zu sagen: «Du bist der / die einzige, den / die ich liebe, jemals lieben werde, je (wirklich) geliebt habe.»

Hier beginnt das Reich der Idealisierung, die Liebenden haben den festen Boden verlassen und entschweben in einen absturzgefährdeten Höhenflug. Solange sie sich einig sind über das, was sie da oben als «wahre Liebe» gemeinsam zu haben meinen, fühlen sich die Ballonflieger allem irdischen Gewürm weit überlegen, das sich im Schmutz seiner widersprüchlichen und verheimlichten Bedürfnisse windet. Sie fliegen so drüber hin und werfen mitleidige Blicke auf das traurige Treiben.

Jene unter uns, die Mozarts Musik und Schikaneders Text der «Zauberflöte» lieben gelernt haben, kennen dieses Dilemma, das sich nur darstellen, ästhetisch ausgestalten, aber nicht lösen läßt. Wir lieben Papageno ebenso wie Pa-

mina – die Sehnsucht nach der irdischen wie die Bereitschaft zur himmlischen Liebe. Tamino nehmen wir in
Kauf; es geht nicht gut ohne ihn. Die Musik verbindet, was
ideologisch getrennt bleibt: Tamino, der sich den ewigen
Werten verpflichtet, und Papageno, der sotto voce noch im
Liebesschwur («Ich will dir ewig treu bleiben») sagt: «solange ich keine Schönere finde». Tamino, der zu sterben
bereit ist für ein Prinzip, das er noch nicht versteht (denn
erst die Eingeweihten können es erkennen); Papageno, der
sich dem Priester widersetzt, weil er nicht einsieht, was dessen Prüfungen für einen (sinnlichen) Sinn haben sollen.

«Du wirst das himmlische Vergnügen der Eingeweihten
nie schauen», sagt der Priester-Schulmeister zu dem Na-
turkind.

«Je nun, es gibt noch mehr Menschen wie meinesglei-
chen!» sagt Papageno. Und er hätte gerne was zu trinken.

Vom Standpunkt Taminos aus ist Papageno ein verächt-
licher Wurm. Von Papagenos Standpunkt aus ist Tamino
ein Irrer, der alles riskiert – für nichts. Pamina riskiert alles
für ihre Liebe, nicht für das Prinzip. So steht sie Papageno
nahe, und doch ist er nicht das, wonach sie sich sehnt,
denn er liebt sie weniger als einen guten Bissen, wenn er
hungrig ist, während Tamino jederzeit auch für sie hungern würde – noch lieber hungert er aber für das Prinzip.

Die heimliche Liebe zu loben und zu bewundern wirkt
entweder zynisch oder vergeblich. Über Papageno lacht
man, für ihn empfindet man Mitleid, idealisieren läßt er
sich nicht. Sinnvoll ist allein das Modell der Polarität, zu
dem es auch gehört zu akzeptieren, daß ein Ding anders
aussieht, wenn wir es aus einem anderen System heraus
beurteilen. Aus der Welt der heimlichen Liebe gesehen, ist
die Welt der öffentlichen Liebe steif, hölzern, phantasielos,

lustarm. Aus der Welt der öffentlichen Liebe gesehen, ist die Welt der heimlichen Liebe schmutzig, verlogen, liederlich und verantwortungslos.

Zu einem Modell der Polarität gehört auch der Blick für den Schatten des Lichts, das Übel des Guten. Die ausschließliche Liebe, die keine Heimlichkeit zuläßt, weil sie ein Fleisch, eine Seele schafft, dieses platonisch-symbiotische Ideal bedingt Ideale der Treue. Diese können – eingeklagt – gnadenloser Rache an denen gleichen, die sich nicht festlegen lassen. Die heimliche Liebe tritt weniger stolz auf und eignet sich daher schlecht zum Richter und Rächer. Ihre Schattenseite ist die Flucht aus Verantwortungen, durch die für eine flüchtige Lust Kostbares verlorengeht, als würde jemand ein Kunstwerk verpfänden, um sich zu betrinken.

Liebe und Besitz, Spiel und Ernst, irdische und himmlische Liebe: das läßt sich nicht zuordnen und hängt doch in seinen Polaritäten zusammen. Der ernsthaft geliebte Lebenspartner, mit dem ich Kinder aufziehe, ist nicht immer der, mit dem ich spielen, Abenteuer erleben kann; immer glücklich zu sein ist ohnehin eine Überforderung an das Leben, die uns leicht ins dauernde Unglück stürzt. Aber kann es nicht ein wenig mehr sein? Das ist ein spielerischer Gedanke, es sind ein Nein und ein Ja gleichermaßen erlaubt. Die Ablehnung im Flirt trifft keine lebenswichtigen psychischen Organe, sonst wäre es kein Flirt. Aber auch der Flirt ist ein riskantes Spiel.*

---

* Das ist auch der Plot typischer Ausbrüche von Gewalt zwischen Mann und Frau: wenn Frau spielt, während Mann ein «ernstes» sexuelles Angebot wahrnimmt, sie festhalten will, worauf sie sich losreißen möchte, was seinen Einhalt brutal werden läßt.

Ich beziehe einen Beobachtungsposten an der Grenze, aber ich habe keine Autorität, den Grenzgängern einen Paß abzufordern. Es ist ein Reiz, wenn eine Beziehung so ernst ist, als ginge es um das eigene Leben, wenn jede Verweigerung einer zärtlichen Geste, einer Verabredung ein Todesurteil ist, wenn Rache- und Trennungsimpulse hochkochen und entweder in einsamem Brüten oder – besser – zu zweit bewältigt werden müssen. Wer in die Gewalt solcher Situationen gerät, bemerkt das oft erst spät. Der Anfang war heiter, und niemand mochte glauben, daß jemals etwas zerbrechen könnte. Längst ist alles verbindlich geworden, aber diese Verbindlichkeit war kein Problem, wurde nicht einmal als sie selbst erlebt, bis sie einen Riß bekam. Durch diesen bricht die Angst ein, es könne alles zu Ende sein, der Partner sei nicht mehr der, der fraglos zuhört.

Verglichen mit den Spannungen in einer solchen ernst gewordenen, als brüchig erlebten Beziehung, ist die schwankende Verläßlichkeit der heimlichen Liebe leicht und schön. In ihr begegnet der Liebende wieder den Ursprüngen des Spiels, der Freiheit vom Besitz, von der Angst vor dem Verlust. Die Liebenden würden sich gerne treffen, aber es klappt nicht, der öffentliche Partner hat einen Termin verändert, ein Kind ist erkrankt, eine dringende Arbeit nicht abgeschlossen. Lächelnd sagen sie einander, ja dann viel Spaß, schade, auf ein andermal, fahr mit deiner Frau in den Urlaub, bis später. Wenn das wirklich so gelingt, haben sie ein spielerisches Reservat gewonnen, das sie heimlich genießen können.

In dem Film «Szenen einer Ehe» hat Ingmar Bergman gezeigt, bis in welche Abgründe von Verzweiflung und Haß die enttäuschte «ernste Liebe» führt und wie doch zwischen denselben Personen heiter und spielerisch die verlorene Erotik als heimliche Liebschaft wieder auftauchen kann. Das ist lebensnah erfunden. Aus einer dramatisch mit Selbstmordversuch und Rachescheidung zerbrochenen Ehe kann irgendwann wieder eine heimliche Liebe werden, die entspannt und vorsichtig den erotischen Strang wieder aufgreift, nachdem sich das Projekt der verbindlichen Beziehung vielleicht gerade deshalb zerschlagen hat, weil es mit bitterem Ernst und ohne Nachsicht für die unweigerlichen Konflikte begonnen worden war.

Spiel und Ernst in der Liebe sind wie Land und Meer. Wenn wir feste Dämme gegen die Flut aufrichten, kann es geschehen, daß diese standhalten oder eingerissen werden. Wenn wir am Ufer warten, daß die Flut fruchtbaren Schlamm bringt, kann es ebenfalls geschehen, daß wir Glück haben oder auch das noch verlieren, auf dem wir sitzen. Überall verwandelt sich das Spiel der Anfänge in den Ernst der Verbindlichkeit, weckt der zu sehr erstarrte Ernst das Spiel der neuen Anfänge. Wir können weder ohne den Ernst leben, denn nur er überbrückt die Unselbständigkeit unserer Kinder und die Hilflosigkeit der Alten, noch ohne das Spiel, das uns schöpferisch sein läßt und uns Zuversicht gibt.

Wolfgang Schmidbauer, geboren 1941 in München, studierte Psychologie und promovierte 1968 über «Mythos und Psychologie». Tätigkeit als freier Schriftsteller in Deutschland und Italien. Ausbildung zum Psychoanalytiker. Gründung eines Instituts für analytische Gruppendynamik. Psychotherapeut und Lehranalytiker in München.

Seine Buchveröffentlichungen in zeitlicher Reihenfolge

1970 Mythos und Psychologie.
Methodische Probleme, aufgezeigt an der Ödipussage
1971 Seele als Patient.
Eine Aufklärung für Gesunde und Gefährdete
1971 Psychotherapie.
Ihr Weg von der Magie zur Wissenschaft
1972 Die sogenannte Aggression.
Die kulturelle Evolution und das Böse
1972 Verwundbare Kindheit
1972 Erziehung ohne Angst.
Eine Orientierungshilfe für Eltern
1972 Homo consumens.
Der Kult des Überflusses
1973 Biologie und Ideologie.
Kritik der Humanethologie
1973 Jäger und Sammler.
Als sich die Evolution zum Menschen entschied

1974 Psychosomatik
1975 Heilungschancen durch Psychotherapie
1975 Vom Es zum Ich.
Evolutionstheorie und Psychoanalyse
1976 Jugendlexikon Psychologie
1977 Die hilflosen Helfer.
Über die seelische Problematik der helfenden Berufe
1980 Alles oder nichts.
Über die Destruktivität von Idealen
1981 Die Ohnmacht des Helden.
Unser alltäglicher Narzißmus
1982 Im Körper zu Hause.
Alternativen für die Psychotherapie
1983 Helfen als Beruf.
Die Ware Nächstenliebe
1985 Die Angst vor Nähe
1985 Tapirkind und Sonnensohn
1986 Die subjektive Krankheit.
Kritik der Psychosomatik
1986 Ist Macht heilbar?
Therapie und Politik
1987 Eine Kindheit in Niederbayern
1988 Liebeserklärung an die Psychoanalyse
1990 Ein Haus in der Toscana.
Reisen in ein verlorenes Land
1991 «Du verstehst mich nicht!»
Die Semantik der Geschlechter
1991 Partner ohne Rollen.
Die Risiken der Emanzipation
1992 Wie Gruppen uns verändern.
Selbsterfahrung, Therapie und Supervision
1992 Weniger ist manchmal mehr.
Die Psychologie des Konsumverzichts
1993 Einsame Freiheit.
Therapiegespräche mit Frauen